Kaktus & Co.

AUTOR: MATTHIAS UHLIG

Inhalt

4 Pflanzen-Praxis

- 5 Extravagante Überlebenskünstler
- 8 Sie lieben Wärme rund ums Jahr: die Indoor-Gruppe
- 8 Den Standort verbessern
- 9 Info: Wechsel-Spiel der Pflanzenpaare
- 10 Kleines Pflege-Einmaleins der Indoor-Gruppe
- 10 Gießen mit Augenmaß
- 11 Der richtige Nährstoff-Mix
- 11 Im Winter Stress vermeiden
- 12 Die Klassiker brauchen eine kühle Winterruhe
- 14 So kommen die Klassiker gut durch das Jahr
- 14 Info: Sonnenbrand vermeiden
- 16 Die Outdoor-Gruppe: Kaktus & Co. für den Garten
- 18 Kaktus & Co. richtig umtopfen
- 18 Auf die richtige Erde kommt es an
- 18 Info: Nützliche Umtopf-Hilfen
- 20 Gut in Form mit dem richtigen Schnitt
- 22 Selbst vermehren macht Spaß
- 22 Stecklinge: Aus eins mach zwei
- 22 Aussaat und Anzucht
- 24 Pflegefehler, Krankheiten und Schädlinge

26 Pflanzen-Porträts

28 Indoor-Gruppe
Disocactus flagelliformis, Echinocactus grusonii, Epiphyllum-Hybriden, *Gymnocalycium, Melocactus matanzanus, Notocactus uebelmannianus, N. ottonis, Parodia chrysacanthion, P. mairanana, Pilosocereus pachycladus, Rhipsalis baccifera, Ceropegia ampliata, Cynanchum marnierianum, Euphorbia ingens, Kalanchoe beharensis, Pachypodium densiflorum, P. lamerei, Stapelia gettliffei*

40 Die Klassiker
Mammillaria, Rebutia, Sulcorebutia rauschii, Weingartia neocumingii, Echinopsis-Hybriden, *Echinocereus rubispinus, Oreocereus celsianus, Stenocactus multicostatus, Thelocactus bicolor, Agave* 'Shoji Rajin', *Crassula ovata, Echeveria pulvinata, Senecio crassissimus*

50 Outdoor-Gruppe
Opuntia-fragilis-Hybriden, *O. humifusa, O.-hystricina*-Hybriden, *O. macrorhiza, O. phaeacantha, Delosperma nubigeum, Orostachys spinosa, Sedum, Sempervivum*

Extras

6 Special: Kleiner Shopping-Guide
58 Glossar
60 Register
62 Service
64 Impressum
Umschlagklappen:
    Die verschiedenen Pflegegruppen
    Die 10 GU-Erfolgstipps
    Pflegekalender rund ums Jahr

Pflanzen-Praxis

Kakteen und andere Sukkulenten faszinieren viele Pflanzenliebhaber: Ihre bizarren Formen und ihre Blüten in oft intensiven Farben bringen den Zauber der Wüste in Haus und Garten. Weil sie wenig Pflege brauchen, sind sie zudem perfekte Anfängerpflanzen.

Extravagante Überlebenskünstler

Das extreme Klima ihrer Heimat hat diese Pflanzen zu »Extremsportlern« gemacht: Sie trotzen nicht nur sengender Sonne, Hitze und großen Temperaturschwankungen, sondern überstehen auch monate- oder jahrelange Dürrezeiten. Möglich ist dies dank spezieller Fähigkeiten: Sie können in ihrem Pflanzengewebe große Mengen Wasser speichern. Dieses Phänomen wird als Sukkulenz bezeichnet – von dem lateinischen Wort *succus* (Saft). Daher leitet sich auch ihr Name »Sukkulenten« ab.

Die bekannteste Gruppe der Sukkulenten ist die Pflanzenfamilie der Kakteen: Sie stammen alle vom amerikanischen Kontinent. Doch während alle Kakteen Sukkulenten sind, sind nicht alle Sukkulenten Kakteen: Auch auf den anderen Kontinenten sind in einigen Pflanzenfamilien wasserspeichernde Vertreter entstanden. Beispiele sind Wolfsmilchgewächse, Agaven, Aloen, Madagaskarpalmen, Lebende Stei-

ne und viele mehr. Die größte Artenvielfalt findet sich im Süden Afrikas. Dieses Phämonen – wenn Pflanzen unterschiedlicher Familien ähnliche Merkmale entwickeln – nennt man Konvergenz.

Kinder des Lichts

Ihre Fähigkeit, an extrem trockenen Standorten zu überleben, macht Kakteen und andere Sukkulenten zu den genügsamsten Zierpflanzen, die wir kennen. Weil sie nicht nur Wasser, sondern auch Nährstoffe – und im Extremfall sogar Luft – speichern können, sind sie von unserer Fürsorge relativ unabhängig. Sie müssen also selbst während Ihrer Urlaubswochen keinen Pflegedienst organisieren.

Nur in einem Punkt machen diese Gewächse keine Kompromisse: Fast alle sind Kinder des Lichts. Um gut gedeihen zu können, benötigen sie auch bei uns einen Standort mit viel Sonne.

PFLANZEN-PRAXIS

Kleiner Shopping-Guide

Das Angebot an Kakteen und anderen Sukkulenten ist riesig. Nehmen Sie sich Zeit, unter den vielen Arten und Sorten die für Sie passenden auszuwählen.

1 Wo Sie am besten kaufen

Ein großes Angebot an Sukkulenten finden Sie heute in Gartencentern, Blumengeschäften und sogar Baumärkten. Auch im Internet kann man sie bestellen. Das mit Abstand größte Angebot bieten Kakteen-Gärtnereien. Auch wenn die Preise etwas höher liegen: Qualität und eine Beratung durch erfahrenes Personal machen sich schnell bezahlt.

2 Der richtige Standort

Wählen Sie nur Arten, denen Sie einen geeigneten Standort bieten können. Für einen ganzjährigen Platz im Zimmer empfehlen sich Vertreter der Indoor-Gruppe (→ Seite 8). Die sogenannten Klassiker sind Arten, die eine kühle Winterruhe brauchen (→ Seite 12). In dieser Gruppe gibt es aber auch Arten, die sowohl kühl als auch warm überwintern können – wie *Echinocactus grusonii* (→ Abb. 2). Suchen Sie Pflanzen, die ganzjährig draußen bleiben, wählen Sie Arten der Outdoor-Gruppe (→ Seite 16).

3 Auch Sukkulenten werden groß

Kaktus & Co. wachsen langsam – doch manche Arten können beachtliche Ausmaße erreichen. In der Natur zählen die Säulenkakteen *Carnegiea gigantea* und *Pachycereus pringlei* mit 10–15 m zu den Riesen. Und die Kandelaberwolfsmilch (→ Abb. 3) wächst zu Exemplaren über 10 m Höhe heran. Noch auf den kleinsten Fleck passt dagegen die Kakteenart *Blossfeldia liliputana*: Sie wird gerade mal 1–1,5 cm groß.

Bedenken Sie also vor dem Kauf, ob die Pflanzen mit einem kleinen Fensterbrett vorliebnehmen müssen oder sich auf der Terrasse frei entfalten dürfen.

4 Qualität erkennen

Egal, wo Sie kaufen – achten Sie immer auf die Qualität der Pflanzen.

› Die Pflanzen müssen gesund und kräftig und frei von Schädlingen und Krankheiten sein.

› Die Pflanzen sollten kompakt gewachsen und die Triebe fest sein, die Bedornung dicht und fest. Bei Blatt-Sukkulenten müssen die Abstände zwischen den Blättern, die Internodien, kurz sein.

› Topf oder Schale sind weder zu groß noch zu klein, und die Pflanzen stehen in hochwertiger Erde.

5 Auf den Artenschutz achten

Leider gibt es immer noch Händler, die Wildpflanzen am Heimatstandort ausgraben und verkaufen – obwohl es heute möglich ist, fast alle Arten nachzuziehen. Weil das länger dauert und mehr Fachkenntnisse erfordert, haben solche Pflanzen auch einen höheren Preis. Gängige Arten werden in großen Stückzahlen produziert und sehen relativ einheitlich aus. Einige Gärtnereien ziehen auch bedrohte Arten heran. Sie arbeiten nach den Regeln der CITES (→ Seite 58) und haben eine Zertifizierung und Registriernummer der Naturschutzbehörden. Hier dürfen Sie ohne Bedenken auch seltene Arten wie z. B. *Turbinicarpus* (→ Abb. 5) kaufen. Bei Pflanzen, deren Preis in keinem Verhältnis zur Größe und zum Alter steht, besteht der Verdacht, dass es sich um Wildpflanzen handelt. Fragen Sie im Zweifel bei den Naturschutzbehörden nach.

PFLANZEN-PRAXIS

Sie lieben Wärme rund ums Jahr: die Indoor-Gruppe

Viele Sukkulenten können ganzjährig im Wohnraum stehen bleiben. Diese sogenannten Indoor-Pflanzen brauchen keinen kühlen Platz im Winter. Sie sind ideale Zimmerpflanzen, wenn kein kühler Winterstandort zur Verfügung steht oder wenn Sie auch im Winter nicht auf Ihre Pflanzen am gewohnten Platz verzichten möchten. Allen ist gemeinsam, dass sie bei einer warmen Überwinterung gesund bleiben und immer wieder zuverlässig blühen. Es gibt aber geringe Unterschiede: Arten der Gattung *Pachypodium* müssen im Winter warm stehen. Andere wie *Notocactus-, Parodia-* und *Gymnocalycium-*Arten können kühl überwintern, kommen aber bei Zimmertemperatur genauso gut zurecht.

Viele dieser Sukkulenten haben – genauso wie die Vertreter der anderen Pflegegruppen – gegenüber anderen Zimmerpflanzen große Vorteile:
› Sie vertragen schwankende Temperaturen in der Regel ebenso gut wie unregelmäßiges Gießen.
› Selbst mehrwöchige Trockenphasen – beispielsweise während eines Urlaubs – nehmen Arten wie ein großer Schwiegermutterstuhl (→ Seite 28) nicht übel. Auch trockene Luft ist für diese Pflanzen kein Problem, denn sie entspricht meist den Bedingungen in ihrer Heimat.

Ein Platz in der ersten Reihe

Natürlich wollen Sie Ihre Kakteen und übrigen Sukkulenten so im Wohnraum platzieren, dass sie dekorativ wirken. Vergessen Sie dabei aber nicht, dass Ihre Pfleglinge unbedingt helle und sonnige Standorte brauchen, um gedeihen zu können.
› Ideal sind sonnige Südlagen wie Fensterbretter, bis zum Boden reichende Fenster sowie Wintergärten und Gewächshäuser.
› Auch an einem West- oder Ostfenster müssen den Pflanzen im Sommer mindestens 2–3 Stunden direkte Sonne pro Tag zur Verfügung stehen.
› Bedenken Sie, dass bereits 1 m vom Fenster entfernt die Lichtausbeute nur noch halb so hoch ist wie direkt am Fenster. Getönte Scheiben, Thermoglas, Vorhänge, Jalousien, Bäume vor dem Fenster und Balkone darüber schränken die Lichtausbeute ebenfalls erheblich ein.

Den Standort verbessern

Fehlt die direkte Sonne, können sie auf Indoor-Pflanzen wie Weihnachts-, Oster- und Binsenrutenkakteen und einige Euphorbien wie die Kandela-

Dornige Schönheiten mit Hunger nach Licht: Kakteen brauchen täglich mindestens 2–3 Stunden Sonne.

Euphorbia, Aloe, Schwiegermutterstuhl und *Ferocactus* fühlen sich rund ums Jahr an einem Platz im Haus wohl. Damit sie sich zu solchen Prachtexemplaren entwickeln, dürfen sie aber nicht mehr als 1 m vom Fenster entfernt stehen, sonst bekommen sie nicht genügend Licht.

berwolfsmilch ausweichen. Sie brauchen zwar auch viel Licht, aber nicht unbedingt direkte Sonne. *Haworthia*-Arten kommen sogar noch an einem Nordfenster zurecht.
Zu guter Letzt können auch spezielle Pflanzenlampen fehlendes Sonnenlicht ersetzen. Um den gewaltigen Lichthunger Ihrer Kakteen und anderen Sukkulenten zu stillen, brauchen sie aber etwa die doppelte Anzahl solcher Lampen wie bei normalen Blattpflanzen.

Wechsel-Spiel der Pflanzenpaare

Zu wenig helle Standorte? Kein Problem! Bilden Sie Paare – eine Pflanze steht am hellen Platz, die andere am dunklen. Alle zwei Wochen wird getauscht. Weil die Pflanze am dunklen Standort kein Wasser braucht, sollte sie beim Platztausch gut abgetrocknet sein und auch nicht gegossen werden – so übersteht sie die zwei lichtarmen Wochen am besten.

PFLANZEN-PRAXIS

Kleines Pflege-Einmaleins der Indoor-Gruppe

Bei der Pflege von Kaktus & Co. ist weniger oft mehr. Diese Grundlagen für die Pflege der Indoor-Sukkulenten gelten auch für die anderen Pflegegruppen.

Gießen mit Augenmaß

Kaktus & Co. zeichnen sich durch ihre Fähigkeit aus, Wasser zu speichern. Damit sich die Pflanzen ihrem Charakter gemäß entwickeln können, müssen sie im wechselnden Rhythmus ihr Wasserreservoir auffüllen und dann auch wieder verbrauchen können. Gießen Sie deshalb so, dass der Wurzelballen durchfeuchtet wird, aber kein Wasser stehen bleibt und der Topfballen danach wieder ganz abtrocknet:

› Halten Sie bei Kakteen eine Gießpause von 5–7 Tagen, bei Blattkakteen und allen Sukkulenten mit Laubblättern wie etwa den Madagaskarpalmen eine Pause von 1–3 Tagen ein.

› Im Winter braucht die Indoor-Gruppe grundsätzlich weniger Wasser als im Sommer. Gießen Sie deshalb nur so viel, dass kein nennenswertes Wachstum einsetzt. Denn die Lichtmenge ist im Winter zu gering, und die Pflanzen können nicht gesund wachsen.

Mein Tipp Im Winter gilt als Faustregel: Gießen Sie Töpfe bis 10 cm Durchmesser alle 2–3 Wochen, solche mit 12–18 cm Durchmesser alle 3–4 Wochen und Pflanzen in größeren Gefäßen alle 4–8 Wochen.

Geeignetes Wasser Als Gießwasser empfiehlt sich Regenwasser oder Leitungswasser bis maximal 18° dH (Grad deutscher Härte). Härteres Wasser sollten Sie mit einem Wasserfilter entkalken oder abkochen.

› Ob Sie von oben in den Topf oder in den Untersetzer gießen, ist nebensächlich. Wichtig ist nur, dass Sie überschüssiges Wasser abgießen, um Wurzelfäulnis zu verhindern (→ Seite 24).

› Gießen Sie Pflanzen in Hydrokultur nur bis zur Minimum-Markierung des Wasserstandsanzeigers und halten Sie wie bei der Erdkultur Gießpausen ein.

Richtig einpflanzen Der größte Feind von Kaktus & Co. ist Staunässe. Beachten Sie beim Einpflanzen deshalb folgende Tipps:

› Zu empfehlen sind Pflanzgefäße mit Wasserabzug, die Sie in Übertöpfe stellen. So können Sie überschüssiges Wasser einfach abgießen.

› In Pflanzgefäße ohne Wasserabzug müssen Sie

1 Stellen Sie einen Wasserstandsanzeiger (Hydrokultur) auf den Gefäßboden und füllen Sie eine etwa 5 cm hohe Dränageschicht – z. B. Blähton – ein.

2 Nun legen Sie ein Trennvlies dicht um den Wasserstandanzeiger auf die Dränageschicht. So kann die Erde die Poren des Blähtons nicht verstopfen.

beim Eintopfen eine Dränageschicht einfüllen, um Staunässe zu vermeiden. Legen Sie ein Trennvlies zwischen Dränage und Erde, damit die Erde die Dränage nicht verstopfen kann.
› Wasserstandsanzeiger aus der Hydrokultur sind eine gute Hilfe: Sie zeigen, ob die Dränageschicht Wasser aufgenommen hat. Wenn ja, dürfen Sie so lange nicht mehr gießen, bis der Wasserstand gesunken und das Substrat abgetrocknet ist.

Der richtige Nährstoff-Mix

Auch wenn Kaktus & Co. sehr genügsam sind – ein Minimum an den Nährstoffen Stickstoff, Phosphor, Kalium, Kalzium, Magnesium sowie an Spurenelementen brauchen auch sie. Am besten eignet sich spezieller Kakteendünger. Er ist auf die Bedürfnisse der Sukkulenten abgestimmt und enthält nur wenig Stickstoff. Am besten kombiniert man ihn mit einem Blattpflanzendünger.
› Ab März, wenn die Hauptwachstumszeit beginnt, düngen Sie alle 14 Tage abwechselnd mit einem Kakteendünger und einem hochwertigen Blattpflanzendünger. Halten Sie sich bei der Dosierung an die Gebrauchsanleitung auf der Verpackung.
› Sukkulenten mit Blättern düngen Sie auch ab Juli noch auf diese Weise. Kakteen bekommen jetzt dagegen nur noch alle vier Wochen Kakteendünger.
› Ab Oktober wird nicht mehr gedüngt. Eine Ausnahme sind Christusdorn, Weihnachts- und Osterkakteen, *Pachypodium*, *Aloe*, *Gasteria*, *Haworthia* und *Kalanchoe*: Weil sie auch im Winter wachsen, brauchen sie weiterhin Nährstoffe.

Im Winter Stress vermeiden

Stellen Sie Vertreter der Indoor-Gruppe im Winter nie direkt über oder neben einen Heizkörper – die Wurzeln werden durch die Hitze stark gestresst, und

3 Füllen Sie anschließend die Erde ein – allerdings nur so hoch, dass der Wurzelballen der Pflanze noch bequem Platz findet.

4 Mit einer Manschette aus Zeitungspapier können Sie Kakteen gut anfassen. Drücken Sie die Erde an, sodass die Wurzeln gut mit der Erde in Kontakt sind.

5 Zum Schluss können Sie die Erde noch mit gröberen Steinen, Lava oder Kies abdecken und mit größeren Steinen dekorieren.

die Wurzelballen trocknen zu rasch aus. Wollen Sie den Platz nützen, schaffen ein paar einfache Tricks Abhilfe: Platten aus Holz, Kork oder Styropor sind eine gute Isolierung. Wenn Sie eine Fußbodenheizung haben, stellen Sie die Pflanzgefäße nicht direkt auf den Boden, sondern auf einen Untersetzer. Oft reichen schon ein paar untergelegte Holzklötzchen. Praktisch sind Gefäße mit Rollen: Sie verhindern, dass sich die Wurzeln überhitzen, und zu-

Die Klassiker brauchen eine kühle Winterruhe

Die Klassiker unter Kaktus & Co. brauchen einmal im Jahr eine Ruhephase. Diese Pause legen sie auch an ihrem natürlichen Standort ein, wenn die Lebensbedingungen zu extrem sind – etwa wenn die Temperaturen unter 15 °C sinken, über 45 °C steigen oder monatelang kein Regen fällt. Der Stoffwechsel der Pflanzen schaltet dann so lange auf »Sparflamme« um, bis die Verhältnisse wieder besser sind. In unserer Klimaregion hat es sich bewährt, diese Ruhephase in den Winter zu legen und die Pflanzen ein paar Monate kühl zu halten.

› Viele Kakteen brauchen zwingend eine kühle Ruhezeit (→ Seite 14/15). In dieser Phase legen sie neue Blütenknospen an. Insbesondere *Mammillaria*-Arten, die vor allem in Mexiko zu finden sind, sowie *Rebutia*-Arten aus den Hochlagen der südamerikanischen Anden sind Vertreter dieser Gruppe. Nach einem »Winterschlaf« treiben sie wieder leuchtend farbige Blüten. Zudem bewirkt die Ruhephase, dass sich die Pflanzen über viele Jahre gesund entwickeln.
› Kakteen wie *Opuntia*, *Echinopsis*, *Lobivia*, viele Arten der Gattung *Echinocereus* und *Tephrocactus*

Die Klassiker dürfen im Sommer auf der Terrasse an die frische Luft. In den ersten Tagen nach dem Ausräumen brauchen sie jedoch mittags einen Sonnenschutz.

sollten Sie ebenfalls in die Winterpause schicken. Ihre Blütenbildung ist zwar davon nicht abhängig, die Erholungsphase tut aber ihrer Gesundheit gut.
› Bei den anderen Sukkulenten brauchen zum Beispiel *Echeveria* und *Pachyphytum* eine Ruhepause. Ihnen tut eine kühle Phase gut, um gesund und robust zu bleiben.
Für ihre Besitzer bedeutet dies, dass die Pflanzen jedes Jahr zwischen Sommer- und Winterstandort umgeräumt werden müssen.
› Einige andere Sukkulenten können kühl oder warm überwintern. Beispiele sind Aloen und Agaven.

Sommerstandorte

Im Sommer wollen die Klassiker das, was alle Kakteen und anderen Sukkulenten mögen: einen möglichst sonnigen Standort und Wärme.
› Im Haus können das helle Südfensterbretter sein, aber auch Ost- oder Westfenster kommen infrage, wenn sie nicht von darüberliegenden Balkonen, Bäumen oder Nachbarhäusern beschattet werden.
› Noch wohler fühlen sich die Pflanzen aber auf dem Balkon oder der Terrasse, auf Außenfensterbrettern oder gar an einem Platz im Garten. Wichtig ist, dass sie auch dort mindestens zwei Stunden direkte Sonne pro Tag haben.
Ein Sommerstandort im Haus hat den Vorteil, dass Kaktus & Co. bei ausreichender Sonneneinstrahlung bereits ab März wieder zu wachsen beginnen. An Standorte im Freien dürfen sie dagegen erst ab Mitte Mai umziehen, wenn mit Sicherheit kein Frost mehr droht. Viele Kakteen sind aber so robust, dass sie schon ab Mitte April an geschützte Stellen wechseln dürfen. Trotzdem müssen Sie ein Auge auf Ihre Schützlinge haben: Bei Frostgefahr sollten Sie sie abdecken oder noch einmal ins Haus räumen.

Winterstandorte

Im Winter ziehen die Klassiker im Haus an einen kühlen Standort mit 5–15 °C. Dafür eignen sich viele verschiedene Räume:
› Kühle Schlafzimmer, kühle Treppenhäuser oder ungeheizte Wintergärten sind ebenso gute Winterquartiere wie eine geschlossene Veranda oder ein maximal bis 15 °C geheiztes Gewächshaus. Wünschenswert ist, dass diese Winterstandorte hell sind.
› Für kurze Zeit kommen im Winter auch Plätze infrage, die zwar kühl sind, aber wenig Licht bieten. Weil die Pflanzen in dieser Jahreszeit kaum wachsen, verkraften sie solche ungünstigen Bedingungen ausnahmsweise relativ gut.

Ausquartiert: Im Winter ist ein helles Treppenhaus mit Temperaturen zwischen 5 und 15 °C ein idealer Standort.

PFLANZEN-PRAXIS

So kommen die Klassiker gut durch das Jahr

Durch den Wechsel vom Sommer- zum Winterstandort und die Ruhephase unterscheidet sich die Pflege der »Klassiker« unter Kaktus & Co. etwas von ihren ganzjährig warm kultivierten Verwandten.

Winterpflege

Die Winterruhe erfolgt ab etwa Oktober für wenigstens drei bis vier Monate. Die Temperatur im Winterquartier sollte bei 5–15 °C liegen. In dieser Zeit sollten Sie die Pflanzen so gut wie gar nicht gießen und auch nicht düngen. Wundern Sie sich nicht, wenn Ihre Pfleglinge ihr Aussehen stark verändern: Kakteen können in dieser Zeit zwei Drittel ihres Wasserspeichers verbrauchen und schrumpfen, ohne den geringsten Schaden zu nehmen. Alle Stoffwechselprozesse sind sehr stark reduziert. Jetzt wachsen die Pflanzen zwar nicht, sie legen jedoch die neuen Blütenknospen für das folgende Jahr an. Eine wichtige Voraussetzung dafür ist, dass sie im vorangegangenen Sommer gut mit Nährstoffen versorgt wurden und einen sonnigen Standort hatten. Bevor Sie Ihre Pflanzen zum »Chill out« in die Winterruhe schicken, sollten Sie Folgendes beachten:

› Die Wurzelballen müssen ganz abgetrocknet sein, um Wurzelfäulnis zu verhindern (→ Seite 24).

› Je kühler Kaktus & Co. stehen, umso kürzer kann die Ruhezeit sein. Je wärmer sie stehen, umso länger muss die Pause dagegen dauern, damit die Pflanzen sicher wieder Blüten bilden können.

› Untersuchen Sie vor dem Umräumen Ihre Pflanzen sorgfältig auf Schädlinge. Ein paar wenige Wollläuse oder Spinnmilben, die im Freien keinen großen Schaden anrichten, können sich im Winterquartier rasant vermehren. Auch Krankheitserreger

können sich beispielsweise im geschützten Treppenhaus plötzlich stark ausbreiten.

› Falls Sie Schädlinge oder Krankheiten entdecken, sollten Sie die entsprechenden Maßnahmen ergreifen und die Plagegeister bekämpfen (→ Seite 24).

Umzug ins Sommerquartier

Sobald der Sommerstandort sicher frostfrei ist, sollten Sie mit dem Umzug nicht lange zögern und Ihre Pflanzen vom Winter- an den Sommerstandort bringen. Das ist auch der ideale Zeitpunkt, um zu klein gewordene Töpfe durch größere zu ersetzen (→ Seite 18). Kontrollieren Sie die Pflanzen dabei gründlich auf Schädlinge, insbesondere die versteckt lebenden Wurzelläuse. Ist eine Behandlung nötig, so ist jetzt die beste Gelegenheit dafür.

Den Übergang von der Winter- zur Sommerpflege sollten Sie sanft vonstattengehen lassen:

› Gießen Sie nach dem Umtopfen mindestens eine Woche nicht. Danach überbrausen Sie die Pflanzen morgens leicht. Nach einer weiteren Woche geben

---

Sonnenbrand vermeiden

UMZUGSSTRESS Wenn Sie Kaktus & Co. vom Winterquartier direkt ins Freie räumen, besteht akute Sonnenbrand-Gefahr: Die Pflanzen sind plötzlich der UV-Strahlung ausgesetzt.

SCHUTZ Stellen Sie Ihre Pfleglinge deshalb die ersten Tage in den Schatten eines Baums. Ist das nicht möglich, schattieren Sie sie zur Mittagszeit einfach mit einem Sonnenschirm.

1 Im Winter ist bei *Mammillaria* Ruhe angesagt: Kein Wasser und Temperaturen unter 15 °C sind wichtig, damit sie neue Blütenanlagen bilden können.

2 Auch die Vertreter der Gattung *Rebutia* aus den südamerikanischen Anden wollen trocken und kühl überwintern, damit sie im Folgejahr wieder üppig blühen.

3 Die Arten der Gattung *Echeveria* bleiben viel kompakter und gesünder, wenn sie im Winter mindestens 2 Std. direkte Sonne haben und bei maximal 15 °C stehen.

4 *Crassula ovata* blüht meist im Winter, wenn man sie kühl und trocken hält. Gönnt man ihr die Ruhezeit, wächst sie außerdem viel kompakter.

Sie eine zweite kräftigere Dusche. Morgendliches Sprühen kann die Lebensgeister von Kaktus & Co. zusätzlich anregen und fördert zudem das Wurzelwachstum.
› Noch eine Woche später starten Sie mit dem normalen Gießrhythmus und beginnen zu düngen.
› Geben Sie abwechselnd Kakteendünger und Blattpflanzendünger. Letzterer enthält reichlich Stickstoff und dient dazu, den in der Ruhezeit aus dem Boden an die Luft abgegebenen Stickstoff zu ersetzen. Dosieren Sie beide Düngerarten wie auf der Packung angegeben. Der Dünger wird meist im Gießwasser gelöst und bei jedem zweiten Gießen verabreicht.
› Ab Juli geben Sie Ihren Kakteen nur noch Kakteendünger, den anderen blättrigen Sukkulenten weiterhin abwechselnd Kakteen- und Blattpflanzendünger.
› Stehen Ihre »Klassiker« im Sommer im Haus oder vor Regen geschützt auf einer Terrasse oder dem Balkon, dürfen Sie nicht vergessen, sie zu gießen.

Bedenken Sie auch, dass Gefäße im Freien schneller austrocknen als im Haus und nur eine begrenzte Menge Wasser aufnehmen können. Sie müssen die Pflanzen also in trockenen Phasen wässern.
› Stehen Kaktus & Co. dagegen ohne Regenschutz im Freien, müssen Sie sie unbedingt in Gefäße mit gut funktionierendem Wasserabzug pflanzen. Verwenden Sie keine Untersetzer oder gießen Sie nach jedem Regen überschüssiges Wasser rasch ab.

Manchmal ist kein Umzug nötig

Nicht immer ist ein Umräumen der »Klassiker« nötig. Beheizbare Gewächshäuser können ideale Sommer- wie Winterquartiere sein, ebenso Wintergärten, Verandas oder beheizbare Frühbeete. In verglasten Treppenhäusern, Foyers oder Lichthöfen in modernen Gebäuden schwankt die Temperatur zwischen Winter und Sommer oft automatisch, sodass Kakteen und viele andere Sukkulenten hier ideale Bedingungen für das ganze Jahr finden.

PFLANZEN-PRAXIS

Die Outdoor-Gruppe: Kaktus & Co für den Garten

So erstaunlich es klingt, aber die Freilandkultur einiger Vertreter von Kaktus & Co. funktioniert in unserem Klima hervorragend. Viele präsentieren sich sogar als sehr pflegeleichte Gäste, die überdies einen exotischen Aspekt in Ihren Garten bringen. Winterharte Kakteen wie einige *Opuntia*-Arten kommen in Amerika von Kanada bis Feuerland vor. Sie sind dort besonders in höheren Lagen zu finden. Aus den europäischen Alpen stammen Hauswurz *(Sempervivum)* und Mauerpfeffer *(Sedum)*, aus Asien *Orostachys*-Arten. Ingesamt eignen sich weit über 100 Arten und Züchtungen in den schönsten Farben und Formen für unsere Gärten.

Ein Pflanzbeet für Kaktus & Co.

Outdoor-Kakteen und -Sukkulenten wachsen im Garten gerade da, wo es für andere Pflanzen viel zu heiß und trocken ist. Standorte, die im Regenschatten eines Dachs oder einer Hauswand liegen, sind perfekt für sie geeignet. Ein spezielles Kakteenbeet legen Sie folgendermaßen an.

› Ganz wichtig ist ein guter Wasserabzug. Dazu präparieren Sie das Beet mit einer Dränageschicht aus grobem Schotter oder Kies, die Sie mit einem Trennvlies abdecken. Es verhindert, dass Pflanzerde in die Dränage wandert und den Wasserabzug behindert.

› Als Substrat reichen 20–30 cm Pflanzerde. Schwere Böden verbessert man mit ein bis zwei Dritteln Kakteenerde. Auch Sand, Kies, Lava oder Bims eignen sich. Sandböden reichert man mit einem Drittel Kakteenerde, Gartenerde, Kompost oder Torf an.

Unkräuter vermeiden Unkrautjäten zwischen dornigen Opuntien ist kein Vergnügen. Unterdrücken Sie den Wildwuchs, indem Sie die Erde mit speziellem Bändchen-Gewebe abdecken. Es ist in Rollen im Fachhandel erhältlich. Schneiden Sie das Gewebe ein und setzen Sie Ihre Pflanzen durch den Schlitz in die Erde. Eine 5 cm dicke Lage aus größeren Steinen, Kies, Schotter oder Felsbrocken sorgt für einen schönen Anblick und verhindert zusätzlich den Unkrautwuchs. Zeigen sich trotzdem ein paar Pflänzchen zwischen den Steinen, lassen sie sich mit einer langen Pinzette oder Grillzange jäten.

Richtig düngen und gießen

Ob Outdoor-Kakteen und -Sukkulenten ausreichend winterhart sind, hängt davon ab, ob sie das Jahr über mit den richtigen Nährstoffen versorgt wurden.

Agaven sind robust und vertragen die Temperaturen in unserem Winter. Allerdings brauchen sie in dieser Zeit unbedingt einen Regenschutz.

Die Outdoor-Gruppe: Kaktus & Co. für den Garten

Winterharte Kakteen im Beet wirken attraktiver wenn man sie mit Dachwurz und Delosperma kombiniert. Wichtig: Es darf nie Staunässe entstehen.

Auch in Töpfe und Schalen gepflanzt können Sukkulenten wie Sempervivum das ganze Jahr im Freien bleiben. Voraussetzung ist, dass die Gefäße frostfest sind.

Naht der Winter, sinkt der Wassergehalt in den Zellen, und die Konzentration der im Zellsaft gelösten Zucker und Mineralstoffe steigt. Wurden die Pflanzen ausreichend gedüngt, haben sie genug Reservestoffe eingelagert. Der Gefrierpunkt in den Zellen sinkt, und die durch den reduzierten Wassergehalt geschrumpften Triebe erfrieren nicht. Steigt im Frühjahr die Temperatur wieder, füllen sich die Triebe erneut mit Wasser und sind wieder prall.

Düngen Geben Sie zwischen April und Juni zwei bis drei Mal 20–30 g/m² mineralischen Volldünger. Festen Dünger streut man zwischen den Pflanzen aus. Er kann mit dem Regen durch das Bändchen-Gewebe in die Erde dringen. Für Gefäße empfiehlt sich flüssiger Volldünger: Verabreichen Sie von April bis Juli monatlich 10 ml Dünger auf 10 l Gießwasser.
› Ab Juli nicht düngen, damit die Triebe ausreifen.

Wässern In der Hauptwachstumszeit von April bis Juli reicht meist der natürliche Niederschlag. Wo kein Regen hinkommt, müssen Sie aber gießen, wenn die Pflanzen wachsen sollen. Denn bei großer Trockenheit stellen Kaktus & Co. ihr Wachstum ein. Vor allem *Opuntia*, *Sedum*, *Delosperma* und *Sempervivum* brauchen im Herbst genug Feuchtigkeit, damit die Wurzeln nicht zu stark zurücktrocknen.

Regenschutz Liegt ein Kakteenbeet nicht im Regenschatten, können Sie es mit einem einfachen mobilen Regenschutz aus vier Pfosten und einem mit Folie bespannten Rahmen schützen (→ Abb.).

Spezialisten für trockene Ecken

MINI-WÜSTEN Wo andere Pflanzen zu Trockenschäden neigen, fühlen sich Outdoor-Kakteen und -Sukkulenten wohl: Dazu zählen Beete unter einem Dachüberstand, an nach Süden exponierten Wänden oder in Steingärten oder Trockensteinmauern. Auch im Regenschatten stehende Tröge, Schalen, Balkonkästen oder unbeheizte Wintergärten bieten prima Wüstenklima in Kleinformat.

PFLANZEN-PRAXIS

Kaktus & Co. richtig umtopfen

Auch wenn Kaktus & Co. meist langsam wachsen – irgendwann ist der Topf zu klein. Die Standfestigkeit der Pflanzen leidet, und ober- und unterirdische Pflanzenteile können nicht mehr in einem ausgewogenen Verhältnis wachsen. Auch ermüdet die Erde nach einigen Jahren. Frisches Substrat verhilft den Pflanzen jetzt zu einem Wachstumsschub.

Der geeignete Topf

Wählen Sie das neue Pflanzgefäß so groß, dass mindestens 1 cm Raum zwischen Topfrand und Pflanze bleibt. So können Sie bequem gießen. Für tief wurzelnde Arten wie *Sulcorebutia* nehmen Sie eher hohe Töpfe, Flachwurzler wie viele Kugelkakteen oder Agaven wachsen auch in Schalen gut. Große säulenförmige Sukkulenten setzen Sie besser in schwere Töpfe, damit sie nicht kippen. Ob Sie Ton- oder Plastiktöpfe wählen, ist zum einen eine Frage des Geschmacks, zum anderen hat das Material auch Auswirkungen auf die Pflege.

› Im Plastiktopf verteilt sich die Feuchtigkeit gleichmäßiger als im Tontopf, da oben Wasser verdunstet und unten durch die Abzugslöcher austreten kann.

› Im Tontopf nimmt die Wand Wasser auf und verdunstet es – Sie müssen öfter gießen. Auch setzen sich Nährsalze und Kalk an der Wand ab. Dies führt zu einer ungleichmäßigen Nährstoffverteilung.

› Stehen die Tontöpfe in Übertöpfen, reduziert dies die Verdunstung. Gießen Sie spätestens drei Stunden nach dem Gießen überschüssiges Wasser ab.

Auf die richtige Erde kommt es an

Sukkulenten brauchen durchlässige Erde mit hohem Mineralanteil:

› Als rein mineralische Mischung empfiehlt sich 40–50 % Lava oder grobporiger, aufgeblähter, gebrannter Ton (Blähton) sowie 30–40 % Bims und 10–20 % scharfer Fluss-Sand (Quarzsand) und 5 % Ton oder Zeolith. Diese Gesteine haben eine große Oberfläche, an der sich Ionen aus der Bodenlösung anlagern. So bleibt der pH-Wert des Bodens stabil, die Erde versauert nicht, und die Nährstoffe bleiben für die Pflanzen verfügbar.

› Als humos-mineralische Mischung hat sich folgender Mix bewährt: 60 % hochwertige Blumenerde (Einheitserde), die bereits einen ausreichenden Ton- und Sandanteil hat, sowie 20 % Lava oder gebrochener Blähton und 20 % Bims.

› Nur einige wenige besonders klein- und sehr langsam wüchsige Arten verlangen rein mineralische Erde, da sie keine Huminsäuren vertragen. Angaben finden Sie bei den Porträts ab Seite 26.

Die richtige Körnung Insbesondere in kleinen Töpfen darf die Erde nicht zu grob sein, damit die Wurzeln genügend Kontakt zum Substrat haben

---

Nützliche **Umtopf-Hilfen**

SCHUTZ Am besten schützt eine Manschette aus mehreren Lagen Zeitungspapier Ihre Hände vor den spitzen Dornen. Auch Styroporklötze oder neuerdings spezielle Umtopf-Zangen haben sich als »Greifhilfen« bewährt.

WURZELBALLEN LOCKERN Mit einem Pikier- oder Pflanzholz lässt sich der Wurzelballen prima lockern und die Erde andrücken.

1 Halten Sie den Kaktus mithilfe einer Manschette aus Zeitungspapier fest und lösen Sie den alten Topf vorsichtig vom Wurzelballen.

2 Lockern Sie den Ballen mit einem Pikierstab. Entfernen Sie die alte Erde – sie enthält Ausscheidungsprodukte der Pflanze sowie abgestorbene Wurzeln.

3 Geben Sie etwas Erde in den neuen Topf. Setzen Sie die Pflanze so ein, dass sie darin so tief steht wie im alten Topf. Mit Erde auffüllen und andrücken.

4 Zum Schluss rücken Sie die Pflanze so zurecht, dass sie exakt in der Mitte steht. Ganz wichtig: Kakteen darf man nach dem Umtopfen niemals angießen!

und Feuchtigkeit und Nährstoffe gut aufnehmen können. Die Erde sollte Anteile mit einer Körnung von 0,1–1 cm haben. Torffasern können länger sein. Für die Aussaat und das Verpflanzen kleiner Sämlinge ist eine Körnung bis maximal 5 mm vorzuziehen.

Tipps zum Umtopfen

Am besten gießen Sie die Pflanzen eine Woche vor dem Umtopfen nicht mehr. Sie lassen sich dann leichter aus dem alten Topf lösen.
› Löst sich die Pflanze nur sehr schwer, stoßen Sie den Topfrand mehrmals auf die Tischkante.
› Lockern Sie den Wurzelballen vorsichtig und entfernen Sie abgestorbene Wurzeln. Gesunde Wurzeln sind hell und fest, abgestorbene braun und weich.
› Sehr große Wasserabzugslöcher im neuen Topf decken Sie mit Tonscherben ab, damit sie nicht mit Erde verstopfen und das Wasser gut abläuft.
› Setzen Sie die Pflanze so ein, dass sie wieder genauso tief in der Erde steht wie zuvor. Zu tief eingepflanzte Kakteen können am Wurzelhals faulen! Zum Schluss Erde gut andrücken.
› Gießen Sie die Pflanzen erst nach einer Woche an und stellen Sie sie an einen hellen, warmen Platz. In den ersten drei bis vier Wochen pralle Sonne vermeiden – vor allem im Sommer im Freien!

Auch Hydrokultur ist möglich

Hydrokultur ist für Kaktus & Co. natürlich möglich, hat aber keine großen Vorteile, weil Sukkulenten sowieso nicht so oft gegossen werden und lange Trockenperioden gut überstehen. Möchten Sie trotzdem umstellen, sollten Sie Folgendes beachten:
› Reinigen Sie die Wurzeln bei der Umstellung ganz von der Erde, indem Sie sie auswaschen.
› Nach dem Einsetzen in das Hydro-Substrat gießen Sie frühestens nach einer Woche.
› Grundsätzlich gilt: Der Wasserstandsanzeiger darf ein paar Stunden nach dem Gießen kein Wasser mehr anzeigen.

PFLANZEN-PRAXIS

Gut in Form mit dem richtigen Schnitt

Für den Rückschnitt von Kaktus & Co. gibt es viele verschiedene Gründe:
› Vielleicht wächst Ihnen Ihre Kandelaberwolfsmilch über den Kopf und bekommt an den Triebspitzen kein Licht mehr. Oder Ihr Säulenkaktus passt eines Tages nicht mehr ins Zimmer.
› Kaktus und Co. sind aus der Form geraten und sollen wieder kompakt wachsen. Oder Sie möchten, dass ein verkahlter Geldbaum wieder neu austreibt.
› Manchmal ist aber auch das fachgerechte Entfernen von Triebspitzen nötig, weil diese krank, beschädigt oder von der Sonne verbrannt sind.

Der richtige Zeitpunkt Am besten schneiden Sie im Frühjahr, dann kann die Pflanze die Wunde besser ausheilen. Aber auch von April bis September ist ein Schnitt möglich. In der Ruhezeit sollte man nur schneiden, wenn kranke Triebe entfernt werden müssen oder die Pflanze nach dem Sommerquartier im Freien nicht mehr ins Zimmer passt.
Werkzeug Meist reicht ein sauberes, sehr scharfes Messer. Eine Baumsäge ist nur bei älteren Sukkulenten nötig, die bereits viele sehr harte Holzfasern haben. Vor dem letzten Schnitt wischt man das Messer mit Alkohol ab, um Infektionen zu vermeiden.
Wundversorgung Damit die Pflanze nicht »blutet« und die Wunde desinfiziert wird, pudert man sie mit Holzkohlepulver ein. Wundverschlussmittel sind nur bei Trieben nötig, die über 4 cm dick sind. Der Fachhandel bietet praktische Pinsel-Tuben an, mit denen man die Wunden einstreicht.

Wo schneidet man?

Je nach Wuchstyp der Pflanze schneidet man Kaktus & Co. an unterschiedlichen Stellen.
› Ein Säulenkaktus treibt nach einem Schnitt an der obersten Stelle des Stamms wieder aus. Schneiden Sie zu groß gewordene Pflanzen deshalb nicht zu zaghaft, sondern ruhig großzügig zurück. So wird es eine Weile dauern, bis der Neuaustrieb die ursprüngliche Höhe wieder erreicht hat.
› Bei verzweigten Sukkulenten wie der Kandelaberwolfsmilch schneidet man den Haupttrieb zwischen

Eine zu hohe Kandelaberwolfsmilch dürfen Sie beherzt schneiden. Der Rest dient als Steckling.

1 Der Geldbaum *Crassula ovata* ist im Zentrum etwas kahl geworden, die Triebe sind lang, wenig verzweigt und biegen sich nach unten.

2 Ein kräftiger Rückschnitt erfolgt so weit, dass die Triebe dick, kräftig und tragfähig sind. Oberhalb der Blattansätze schneidet man so, dass der Zentralspross das höchste Niveau hat.

3 Nach kurzer Zeit treiben gestutzte Geldbäume mit vielen kompakten Trieben aus, begrünen sich vom Zentrum aus und bilden ansehnliche Pflanzen.

den obersten Seitentrieben um die Hälfte zurück. Störende Verzweigungen schneidet man dagegen direkt am Stamm ab.
› Damit sich stark wachsende Arten gut verzweigen, schneidet man jeweils nur die längsten Triebe zurück. Beim nächsten Schnitt kürzt man die Triebe, die man beim letzten Mal »verschont« hat, und lässt die im Jahr zuvor geschnittenen stehen. So sieht die Pflanze immer ansprechend aus, und der Rückschnitt fällt kaum auf.
› Bei Gliederkakteen wie *Opuntia* oder *Schlumbergera* entfernt man ganze Sprossglieder. So entstehen nur kleine Schnittwunden, von denen sich die Pflanzen schnell erholen.
› Um faule Pflanzenteile zu entfernen, schneiden Sie diese bis zum gesunden, hellen, unverfärbten Gewebe zurück.

Wie schneidet man?

Der Schnitt erfolgt kurz über dem Blattansatz bzw. den Austrittsstellen der Dornen. Dort sitzen die Augen, die wieder austreiben. Schneiden Sie die Pflanzen grundsätzlich nie zu tief ab, sonst bleiben nicht genügend Knospen stehen, die wieder austreiben. Auch in verholzte Triebe sollten Sie nie zurückschneiden, sie treiben nicht mehr aus.
› Normalerweise führt man den Schnitt waagerecht aus. Kann jedoch Wasser auf die Wunden kommen, schneidet man schräg, damit es ablaufen kann.
› Dann schneidet man so nach, dass die Rippen oder Warzen etwas abgeschrägt werden. So bekommt der Neuaustrieb eine stabilere Basis und kann nicht abknicken, wenn sein Gewicht wächst. Außerdem ist die Gestalt der Pflanze ansprechender.
Achtung Milchsaft Wolfsmilch-Gewächse bluten nach dem Schnitt oft heftig. In diesem Fall tupft man die Wunden mit einem mit heißem Wasser angefeuchteten Küchentuch ab. Spülen Sie herabfließenden Saft mit kaltem Wasser ab, um Tropfspuren zu vermeiden. Weil der weiße, klebrige Milchsaft reizend ist, darf er nicht auf die Haut gelangen. Waschen Sie ihn umgehend ab – es können sonst Verletzungen wie bei einem Sonnenbrand entstehen. Kommt Wolfsmilch-Saft direkt in Ihre Augen, müssen Sie sie sofort ausspülen und einen Augenarzt aufsuchen.

PFLANZEN-PRAXIS

Selbst vermehren macht Spaß

Um Ihre Pflanzensammlung zu vermehren oder Pflänzchen mit anderen Pflanzenliebhabern zu tauschen, können Sie Kaktus & Co. ganz einfach vermehren. Identische Nachkommen, die genauso wie die Mutterpflanze blühen, erhalten Sie bei der Vermehrung durch Stecklinge. Wenn Sie Samen gewinnen und aussäen, bekommen Sie vielleicht ganz unterschiedlich blühende Jungpflanzen.

Stecklinge: Aus eins mach zwei

Es gibt drei Varianten der Stecklingsvermehrung: Sogenannte Kopfstecklinge gewinnt man aus der Sprossspitze, Stammstecklinge aus dem darunterliegenen Sprossteil. Blattstecklinge wiederum bestehen aus einem ganzen Blatt – diese Stecklingsvermehrung funktioniert aber nur bei Arten wie *Kalanchoe*, *Gasteria* oder *Crassula*. Agaven dagegen bilden winzige Jungpflanzen – sogenannte Kindel –, die man nur abschneiden und einpflanzen muss.

Stecklinge schneiden Die beste Zeit zum Schneiden von Stecklingen ist Frühjahr bis Sommer.
› Schneiden Sie den gewünschten Sprossteil oder das Blatt mit einem scharfen Messer ab.
› Um Infektionen zu vermeiden, müssen die Schnittstellen rasch abtrocknen. Dazu kommen die Stecklinge aufrecht in Kisten mit einem Gitterboden oder in Töpfe mit zerknülltem Zeitungspapier. Stellen Sie sie an einen luftigen Platz. Er sollte hell, aber nicht vollsonnig sein. Im Lauf weniger Wochen bilden sich an den trocknenden Schnittstellen Wurzeln.
› Nun pflanzen Sie die Stecklinge 1–2 cm tief in mit Erde gefüllte Töpfchen.

Aussaat und Anzucht

Es ist immer wieder faszinierend, das Keimen und Wachsen von Sämlingen mitzuerleben.
Saatgut bekommt man im Fachhandel. Sie können es aber auch selbst gewinnen, indem Sie die Samen aus ausgereiften Früchten lösen und unter fließendem Wasser reinigen.
Aussaaterde können Sie fertig kaufen oder selbst mischen. Sie nimmt Wasser sofort auf, ohne ihre Oberfläche zu verändern, ist fein genug, dass die Samen auf ihr liegen bleiben, und hat genügend Poren, sodass die Wurzeln nicht ersticken.
Vor dem Aussäen wird die Aussaaterde so gegossen, dass sie ganz mit Wasser gesättigt ist.
Mein Tipp Zum Wässern der Aussaaterde hat sich eine Lösung aus Schachtelhalmextrakt (Fachhan-

Seitentriebe trennen Sie ganz einfach mit einem ziehenden Schnitt ab. Nur scharfe Messer verwenden!

del) bewährt. Sie schützt die Samen vor Pilzkrankheiten. Frisch gekeimte Pflänzchen sprüht man alle sechs bis acht Wochen mit der Lösung ein.

Richtig aussäen Füllen Sie eine Keimbox mit Erde und streuen Sie die Samen gleichmäßig aus. Drücken Sie sie an, besprühen Sie sie und streuen Sie eine Schicht groben Quarzsand darüber (→ Abb. 1–4). Der Quarzsand schützt vor dem Austrocknen, lässt aber genug Licht zu den Samen durch, sodass sie keimen können.

› Schließen Sie die Keimbox mit dem dazugehörigen Deckel bis auf einen kleinen Spalt.
› Gießen Sie die Samen regelmäßig. Sie dürfen auf keinen Fall austrocknen. Stellen Sie die Box an einen hellen Platz, aber niemals in die pralle Sonne.
› Bei 16–28 °C keimen die Samen nach drei Tagen bis vier Wochen – je nach Pflanzenart. Nach weiteren sechs bis zehn Wochen lüften Sie täglich ein paar Stunden und beginnen, mit der halben Konzentration zu düngen. Sie können entweder nur Blattdünger oder abwechselnd Blatt- und Kakteendünger geben. Die Erde darf jetzt zwischen dem Wässern abtrocknen, pralle Sonne vertragen die Keimlinge aber immer noch nicht.
› Etwa sechs Monate nach Keimbeginn entfernen Sie die Abdeckung ganz. Die Pflänzchen sollten nach jeder Wassergabe zwei bis fünf Tage trocken stehen.

Pikieren Etwa ein Jahr nach der Aussaat dürfen Sie die meisten Kakteen vereinzeln. Heben Sie den Sämling mithilfe eines Pikierstabs behutsam aus der Saatkiste, ohne die Wurzeln zu beschädigen. Stechen Sie mit dem Pikierstab Löcher in die Erde und führen Sie die Sämlingswurzeln mithilfe des Stabs in das Loch. Setzen Sie mehrere Pflänzchen mit einem Fingerbreit Abstand in einen Topf. Erst eine Woche nach dem Pikieren gießen Sie an, und nach zwei Monaten beginnen Sie zu düngen.

1 Füllen Sie spezielle feine Aussaaterde in Töpfchen oder direkt in eine Aussaatschale. Drücken Sie sie fest und streuen Sie den Samen darauf.

2 Die Samen auf der Erde ausstreuen und mit einem Holzklötzchen andrücken, damit sie Kontakt zum Substrat haben und Feuchtigkeit aufnehmen können.

3 Damit der Samen quellen kann, muss er ständig feucht bleiben. Am besten sprühen Sie ihn regelmäßig mit einer Lösung aus Schachtelhalmextrakt ein.

4 Damit die Samen nicht austrocknen, bestreuen Sie sie mit einer Schicht aus 2–3 mm grobem Quarzsand und decken alles mit einem Kunststoffdeckel ab.

PFLANZEN-PRAXIS

Pflegefehler, Krankheiten und Schädlinge

Eine gute Pflege und der richtige Standort halten Kaktus & Co. gesund. Denn Krankheiten und Schädlinge können sich erst ausbreiten, wenn die Pflanzen geschwächt sind:
› Nicht ausreichend gedüngte Pflanzen kränkeln. Die Epidermis, die oberste Gewebeschicht, wird heller, und die Basis der Pflanzen verkorkt übermäßig.
› Selbst wenn Sie ausreichend düngen, kann das Blattgrün verblassen, wenn die Pflanzen nicht genug Licht bekommen – sie können die aufgenommenen Nährstoffe dann nicht verwerten. Die Neutriebe werden hell, dünn und schwach. Sorgen Sie für Abhilfe, sonst gehen die Pflanzen ein.
› Lichtmangel kann auch dazu führen, dass die Pflanzen nicht mehr blühen. Bei *Rebutia* und *Mammillaria* liegt das Ausbleiben der Blüte aber auch daran, dass die kühle Winterruhe fehlt.
› Wachsen Kaktus & Co. nicht mehr und stehen nicht mehr fest im Topf, sind meist die Wurzeln geschädigt. Sind sie faserig, dunkel verfärbt oder gar faul, ist oft Staunässe die Ursache. Entfernen Sie umgehend alle kranken Wurzeln, topfen Sie die Pflanze in frisches Substrat und behandeln Sie sie dann wie einen Steckling weiter (→ Seite 22).
Wichtig Verwenden Sie immer Kakteenerde, denn falsche Substrate können die Wurzeln schädigen. Arten, die rein mineralische Erden benötigen, dürfen Sie auf keinen Fall in normale Erde setzen.

Pilzkrankheiten

Wenn Kaktus & Co. nicht mehr recht wachsen oder zu faulen beginnen, sind oft Pilze die Ursache.
› Fusarium-Pilze werden meist von Wurzelläusen übertragen und dringen über die Wurzeln in die Leitungsbahnen der Pflanzen ein. In der Folge werden die Wurzeln fasrig. Schneiden Sie die Wurzeln zurück, bis Sie wieder auf gesundes, weißes Gewebe treffen. Befallenes Gewebe ist rot gefärbt. Dann behandeln Sie die Pflanze wie einen Steckling. Wichtig: Beim letzten Schnitt immer desinfiziertes Werkzeug verwenden, um das gesunde Gewebe nicht anzustecken.
› Zu viel Feuchtigkeit kann auch zur Stamm- und Grundfäule führen (Phytium und Phytophtora). Viel frische Luft und regelmäßiges Abtrocknen der Erde hilft, diese Krankheiten zu verhindern. Kranke Pflan-

1 Die watteartigen Ausscheidungen der Wollläuse schützen die Tiere vor Pflanzenschutzmitteln. Ein Schuss Spülmittel in der Spritzlösung hilft, diese aufzulösen.

2 Spinnmilben – auch Rote Spinne genannt – sind kaum zu sehen. Erst bei sehr starken Befall bilden sie Gespinste: höchste Zeit für die Behandlung!

zen müssen Sie sofort entfernen. Das gilt auch, wenn die Pflanzen von Drechslera-Pilzen befallen sind und von der Triebspitze aus schwarz werden.
› Mehltau ist am weißen Belag leicht zu erkennen. Es gibt mittlerweile verschiedene Produkte, mit denen diese Pilzkrankheit gut zu bekämpfen ist.

Tierische Schädlinge

Je früher Sie Schädlinge entdecken, umso leichter sind sie zu bekämpfen.
› Wurzelläuse zeigen sich als watteähnliche Tupfen zwischen den Wurzeln. Sie können sie nur entdecken, wenn Sie die Pflanzen aus dem Topf ziehen und die Wurzeln prüfen. Die Tiere sind durch weiße, pulvrige oder fasrige Wachsausscheidungen gut geschützt. Im Fachhandel gibt es Stäbchen und Granulate mit einem Wirkstoff, der acht Wochen anhält.
› Die ähnlichen Wollläuse sind leichter zu entdecken, da sie an den oberen Pflanzenteilen vorkommen. Sie werden mit ölhaltigen Präparaten bekämpft.
› Schildläuse bilden bis mehrere Millimeter große graubraune Schilde, unter denen die Läuse gut geschützt sind. Ölhaltige Mittel haben aber auch bei diesen Plagegeistern gute Wirkung. Wiederholen Sie die Behandlung drei Mal, um auch nachfolgende Generationen zu bekämpfen: Denn unter den Schilden der Muttertiere finden sich bis zu 200 Eier, aus denen bald die nächsten Schildläuse schlüpfen.
› Spinnmilben sind nur als winzige rote Pünktchen zu erkennen. Bei Befall färben sich die Triebspitzen hell silbrig, später verkorken und verholzen sie.
› Thripse und ihre Larven saugen an den Pflanzen und verursachen ähnliche Schäden wie Spinnmilben. Die ersten Symptome sind aber meist an der Pflanzenbasis zu erkennen und nicht an den Triebspitzen. Sowohl bei Spinnmilben als auch bei Thripsen helfen ölhaltige Pflanzenschutzmittel.

3 Schon die Larven der Thripse saugen an saftigen Pflanzenteilen. Die ausgewachsenen Tiere sind ca. 2 mm lang, gelblich bis schwarzbraun und sehr dünn.

4 Von ihren festen, ovalen Schilden geschützt, saugen Schildläuse an den Sukkulenten. Außerdem hinterlassen sie auf der Pflanze klebrigen Honigtau.

5 Drechslera-Pilze treten vor allem bei schwülwarmem Wetter an Pflanzen auf, die im Freien stehen. Befallene Pflanzen müssen sofort vernichtet werden.

6 Phytium und Phytophtora sind sehr ansteckende Pilzkrankheiten. Kranke Pflanzen müssen Sie wegwerfen. Täglich benachbarte Pflanzen kontrollieren!

Pflanzen-Porträts

Der Handel bietet heute eine erstaunliche Fülle verschiedener Kakteen und anderer Sukkulenten. Dank vieler Züchtungen gibt es für fast jeden Standort und jeden Zweck passende Arten und Hybriden. Die meisten von ihnen sind unkomplizierte Zimmerpflanzen.

Exotische Vielfalt im Dornenkleid

Natürlich sollten Sie Ihre Kakteen und anderen Sukkulenten nach Ihrem persönlichen Geschmack auswählen. Vergessen Sie dabei aber nicht, dass die Pflanzen einen Standort brauchen, der ihren Bedürfnissen entspricht, um lange Jahre gedeihen zu können. Überlegen Sie deshalb gut, ob Sie Pflanzen suchen, die ganzjährig im Zimmer stehen sollen, oder ob Sie Arten möchten, die im Sommer ins Freie dürfen oder die vielleicht einen kühlen Platz zum Überwintern brauchen.

Die drei Pflegegruppen

Um die Auswahl zu erleichtern, sind die Porträts auf den Seiten 28–57 in drei Pflegegruppen gegliedert. Innerhalb dieser Gruppen finden Sie zuerst die Kakteen und dann die anderen Sukkulenten.

› Die Indoor-Gruppe: Zu ihr zählen Kakteen und andere Sukkulenten, die ganzjährig im Haus bei Zimmertemperatur gehalten werden können und dort einen Platz mit viel Licht oder Sonne brauchen. Einige Vertreter dieser Gruppe dürfen im Sommer aber auch an einen Platz im Freien ziehen. Zu der Indoor-Gruppe zählen u. a. Notokakteen, Madagaskarpalmen und viele Wolfsmilchgewächse.

› Die Klassiker: In dieser Gruppe sind viele der bekanntesten Kakteen – allen voran die Mammillarien – und anderen Sukkulenten wie die beliebte *Echeveria* zu finden. Typisch für sie ist, dass sie – je nach Art mehr oder weniger konsequent – eine trockene, kühle Winterruhe wollen. Im Sommer stellt man alle Pflanzen dieser Gruppe idealerweise an einen Platz im Freien oder an sonnige Südfenster.

› Die Outdoor-Gruppe: In dieser Pflegegruppe finden sich winterharte Kakteen und andere Sukkulenten, die sich perfekt zum Auspflanzen im Garten oder als Kübelpflanzen für Terrasse oder Balkon eignen.

PFLANZEN-PORTRÄTS

Disocactus flagelliformis

GRÖSSE bis 150 cm | BLÜTEZEIT Frühjahr | BLÜTENFARBE violettrot

Die Pflanze ist bei uns unter dem Namen Schlangenkaktus bekannt. In ihrer Heimat Mexiko wächst sie in Lagen über 2000 m. Sie eignet sich als attraktive Ampelpflanze. **Blüte** Bei guter Düngung bildet dieser Kaktus im Frühjahr reichlich violettrote, trichterförmige Blüten. Sie werden bis 8 cm lang und 2,5–4 cm breit. **Wuchs** Die schlanken, weichen, hängenden Triebe sind dicht mit kurzen Dornen besetzt. **Pflege** Auch im Winter alle ein bis zwei Wochen gießen; zu lange Triebe zurückschneiden, damit sich die Pflanze gut verzweigt. *Disocactus* braucht helle Plätze, verträgt aber keine pralle Sonne. Im Winter nicht zu warm, aber auch nicht unter 15 °C halten. **Vermehrung** Durch Stecklinge. **Weitere Arten** Kreuzungen mit Blattkakteen heißen *Aporophyllum*. Sie besitzen größere Blüten in den Farben Weiß, in vielen Rottönen, in Rosa und in Violett.

Echinocactus grusonii

GRÖSSE 50 cm | BLÜTEZEIT Sommer | BLÜTENFARBE gelb

Einer der beliebtesten Kakteen ist der sogenannte Schwiegermutterstuhl – nicht zuletzt wegen seiner sesselgroßen Ausdehnung und der dichten, gelben Bedornung. Er stammt aus Mexiko. **Blüte** Die Pflanzen blühen erst, wenn sie ca. 30 cm Durchmesser haben. Die Blüten sind 4–6 cm lang und 3–4 cm breit und leuchtend goldgelb. **Wuchs** In der Natur entstehen bis 80 cm große, kugelförmige Pflanzen ohne Seitensprosse. Sie tragen leuchtend goldgelbe bis 5 cm lange Dornen. Daher auch sein zweiter Name »Goldkugelkaktus«. **Pflege** Sonnige Standorte; verträgt die Überwinterung bei Zimmertemperatur genauso gut wie bei 5 °C. **Vermehrung** Durch Samen. **Besonderheiten** Der Schwiegermutterstuhl ist der wohl populärste Kaktus – vom Fensterbrett bis zum Indoor-Landscaping setzt der pflegeleichte Einsteiger-Kaktus Akzente.

sonnig   halbschattig   hell, aber keine direkte Sonne

Indoor-Gruppe

Epiphyllum-Hybriden

GRÖSSE 40–60 cm | **BLÜTEZEIT** Frühjahr–Spätsommer | **BLÜTENFARBE** alle Farben außer Blau

Epiphyllum-Hybriden sind Blattkakteen. Sie wurden seit dem 19. Jahrhundert aus den mittelamerikanischen Gattungen *Disocactus*, *Epiphyllum*, *Heliocereus*, *Nopalxochia* und vielen anderen gezüchtet. So sind viele Tausend wundervolle Sorten entstanden. **Blüte** Die teller- oder trichterförmigen Blüten sind oft 15–20 cm groß oder größer. Im Englischen werden *Epiphyllum*-Hybriden deshalb »orchid cacti«, also »Orchideen-Kakteen« genannt, was den bezaubernden Blüten auch entspricht. Manche Sorten wie 'Gloria Paetz' blühen sogar im Winter, andere wie 'Elfenbein', 'Lotto' oder 'Sunland' duften.

Wuchs Blattartige Sprosse; teils aufrecht, teils hängend; verzweigen sich an der Basis oder der Triebspitze. Nur sehr wenige, borstige Dornen. **Pflege** Gut ist ein heller Fensterplatz mit Schutz vor praller Sonne oder im Sommer auch ein halbschattiger Platz im Freien; kann auch bei ca. 15 °C überwintern. Im Sommer ein- bis zweimal wöchentlich kräftig gießen und alle zwei Wochen düngen; im Winter alle zwei bis vier Wochen wenig gießen; Triebspitzen regelmäßig zurückschneiden – dies fördert einen kompakten Wuchs und die Blütenbildung. **Vermehrung** Durch Stecklinge. **Weitere Hybriden** Der Handel bietet viele Sorten. Die bekannteste ist 'Deutsche Kaiserin' mit rosa Blüten mit weißem Zentrum (Abb. links). Ebenfalls attraktiv in Rosa blüht 'Delicate Jevel' (Abb. rechts oben), in apartem Gelb-Weiß dagegen 'Vista Gold' (Abb. rechts unten).

 im Sommer ins Freie stellen   als Ampelpflanze geeignet   duftend   pflegeleicht

PFLANZEN-PORTRÄTS

Gymnocalycium

GRÖSSE 5–15 cm | **BLÜTEZEIT** Frühjahr–Sommer | **BLÜTENFARBE** weiß, rosa, selten rot, gelb

Der Name leitet sich vom griechischen *gymnos* (nackt) und *kalyx* (Kelch) ab, da die Blütenröhre keine Haare, Borsten oder Dornen besitzt – dies ist bei Kakteen eine Seltenheit. Die Pflanzen sind hauptsächlich in Argentinien, Teilen von Uruguay, Paraguay, Südbolivien und Teilen Brasiliens beheimatet. Oft blühen sie mehrmals im Jahr.

Blüte Die meisten *Gymnocalycium*-Arten blühen weiß, rosa oder cremefarben; nur sehr wenige zeigen eine gelbe Blüte wie *G. andreae* oder eine rote wie *G. baldianum*. Die trichter- bis glockenförmig symmetrischen Blüten erscheinen meist schon bei zweijährigen Pflanzen. Sie öffnen sich tagsüber und haben einen samtigen Glanz.

Wuchs Kugelig; die meisten wachsen einzeln, ohne durch Sprossung Gruppen zu bilden.

Pflege Auch für ein nur wenig besonntes Fensterbrett geeignet, sowohl für warme als auch kühle Zimmer, Büros und Wintergärten. Die Pflanzen fühlen sich im Sommer sogar auf der Terrasse und dem Balkon wohl, wenn sie vor praller Sonne geschützt sind. Überwinterung warm am Fenster oder kühl bei 5–10 °C. Bei Zimmertemperatur etwa alle zwei Wochen gießen – auch im Winter. Bei kühlem Stand alle vier bis fünf Wochen überbrausen.

Vermehrung Meist durch Samen, selten durch Stecklinge.

Weitere Arten *G. andreae*: gelb (Abb. rechts oben); *G. baldianum*: rot (Abb. rechts unten); *G. saglionis:* weiß (Abb. links).

 sonnig   halbschattig   ☀ hell, aber keine direkte Sonne

Indoor-Gruppe

Melocactus matanzanus

☀ ☼ GRÖSSE 7–9 cm | BLÜTEZEIT Frühjahr–Herbst
BLÜTENFARBE rosa bis lila

Ihren deutschen Namen »Melonenkaktus« verdanken die Pflanzen ihrer Gestalt. *Melocactus matanzanus* ist der kleinste von ihnen. Er stammt aus dem Norden Kubas. Melokakteen waren die ersten Kakteen die im 15. Jahrhundert in die Alte Welt gebracht wurden.
Blüte Die Blüten sind 1–2 cm lang, haben aber nur 0,5 cm Durchmesser; sie entwickeln sich aus einem endständigen Borstenschopf (Cephalium). Die Blüten sind rosa bis lila und öffnen sich um die Mittagszeit. **Wuchs** Kugelig, nie sprossend. **Pflege** Am sonnigen Fenster, im warmen Wintergarten; auch im Winter warm, keinesfalls unter 15 °C. Im Sommer regelmäßig gießen, im Winter hin und wieder wenig wässern. **Vermehrung** Durch Samen.
Weitere Arten *M. azureus*: stahlblauer Körper; *M. bahiensis*: rosa-magentafarbene Blüten; *M. neryi*: rosa-karminrote Blüten.

Notocactus uebelmannianus

☀ ☼ ⌂ ❋ GRÖSSE 15–17 cm | BLÜTEZEIT Frühjahr–Frühsommer | BLÜTENFARBE purpurrot, gelb

Dieser Kaktus wird heute von den Botanikern *Parodia werneri* genannt und stammt aus dem brasilianischen Bundesstaat Rio Grande do Sul. **Blüte** Die trichterförmigen Blüten sind auffallend glänzend pink bis purpurrot oder gelb. Die Farben sind immer rein, Zwischentöne kommen nicht vor. Fast alle Arten dieser Gattung haben rote oder purpurfarbene Narben. Bereits junge Pflanzen blühen sehr üppig. **Wuchs** Flachkugelig, nicht sprossend; Dornen weiß bis weißgrau. **Pflege** Pralle Sonne vermeiden. Die Art braucht nahrhafte, humos-mineralische Kakteenerde. Sie verträgt im Sommer etwas mehr Wasser als andere Kakteen und will auch im Winter hin und wieder gegossen werden. **Vermehrung** Durch Samen. **Besonderheiten** Die Art verträgt ganzjährig Wärme, kann im Winter aber ebenso gut bei 8–12 °C gehalten werden.

 im Sommer ins Freie stellen   als Ampelpflanze geeignet   duftend   pflegeleicht

PFLANZEN-PORTRÄTS

Notocactus ottonis

☼ ☼ 🏠 ✿ GRÖSSE 6 cm | BLÜTEZEIT Frühjahr–Sommer | BLÜTENFARBE gelb

Notocactus ottonis ist in Südbrasilien, Uruguay und Nordostargentinien weit verbreitet und kommt dort bis in 500 m Höhe vor. Heute heißt die Art auch *Parodia ottonis*. **Blüte** Bis 6 cm große, tiefgelbe, trichterförmige Blüten, die in auffälligem Kontrast zu der dunkelroten Narbe stehen. Zwei Sorten blühen rot und orangerot: *Notocactus ottonis* 'Janousek' und 'Venclu'. **Wuchs** Die Triebe wachsen kugelig mit typischen Rippen und gelben bis braunen Dornen. Sie bilden später Gruppen, indem sie Seitentriebe bilden. **Pflege** Am sonnigen und halbsonnigen Fensterbrett, im Sommer ist auch ein Standort im Freien möglich. Immer vor praller Sonne schützen. Überwinterung warm oder kühl. **Vermehrung** Durch Samen. **Besonderheiten** Ein Blickfang auf jedem Fensterbrett. Gut geeignet für Schalenbepflanzung mit *Gymnocalycium* und *Parodia*.

Parodia chrysacanthion

☼ ☼ ☀ 🏠 ✿ GRÖSSE 10–12 cm | BLÜTEZEIT Frühjahr | BLÜTENFARBE goldgelb

Kaum eine Kakteenart ist so pflegeleicht und attraktiv zugleich. Sie stammt aus Nordargentinien und wächst in 1500–2000 m Höhe. **Blüte** Leuchtend helle, goldgelbe Blüten. Sie stehen in großer Zahl im wolligen Scheitel, sind 2 cm lang und haben 1–2 cm Durchmesser. **Wuchs** Anfangs flachkugelig, später länglich; leuchtend goldgelbe bis weißliche, bostig-nadelige, dünne Dornen. Keine Seitensprosse, dadurch bleibt die Pflanze eine einzelne Kugel. **Pflege** Gedeiht auf jeder Fensterbank, sogar an einem hellen Nordfenster. Bei Zimmertemperatur im Winter alle zwei Wochen sehr sparsam gießen, ab Frühjahr wöchentlich. Auch eine kühle Überwinterung ist möglich, dann lässt man die Pflanzen ganz trocken stehen. **Vermehrung** Durch Samen. **Weitere Arten** *P. comarapana*: orange-gelb; *P. hausteiniana*: rot; *P. schwebsiana*: blutrot.

☼ sonnig ☼ halbschattig ☀ hell, aber keine direkte Sonne

Indoor-Gruppe

Parodia mairanana

☀ ◐ 🪴 ❋ GRÖSSE 5 cm | BLÜTEZEIT Frühjahr–Herbst | BLÜTENFARBE orangegelb bis orangerot

Ein pflegeleichter Dauerblüher, der aus Ostbolivien stammt und dort in Hochlagen von 1300–1900 m vorkommt. Bei uns fühlt er sich auf jedem sonnigen Fensterbrett wohl. Von den Botanikern wird dieser Kaktus heute zu der Art *Parodia comarapana* gestellt. **Blüte** Die intensive Blütenfarbe variiert an einer Pflanze von Goldgelb über Orange bis Rot. Die Art blüht leicht und reich aus dem wolligen Scheitel. Die Blüten sind 2–3,5 cm groß und trichterförmig. **Wuchs** Flach kugelförmig, bis 5 cm Durchmesser. Im Alter bilden sich Seitensprosse. Frischgrün bis grau-olivgrün, Dornen gelblich bis bräunlich. **Pflege** Bei warmem Winterstand alle zwei Wochen wenig wässern, ab Frühjahr wöchentlich. Kann auch kalt bei 5 °C überwintern und im Sommer auch im Freien stehen. **Vermehrung** Durch Samen.

Pilosocereus pachycladus

☀ ◐ ❋ GRÖSSE 200 cm | BLÜTEZEIT Frühjahr–Sommer BLÜTENFARBE weißlich

Dieser blaue bis blaugrüne Säulenkaktus stammt aus dem Nordosten Brasiliens. Er wird heute noch häufig unter der älteren Bezeichnung *P. azureus* gehandelt. Die Pflanzen blühen erst, wenn sie 1 m hoch sind. **Blüte** Weißlich, 4–7 cm lang, 2,2–4,5 cm im Durchmesser, dick röhrenförmig mit kurzen, glockig aufgebogenen Blütenblättern. Sie öffnen sich vor allem nachts, weil sie in der Natur von Fledermäusen bestäubt werden. **Wuchs** Baumartig; in der Natur 2–10 m hoch. Auf den auffälligen Rippen stehen bräunlich gelbe Dornen, oft von Wolle begleitet. **Pflege** Ganzjährig am sonnigen Fenster; im Winter gerne im beheizten Zimmer, nicht unter 12 °C. **Vermehrung** Durch Samen oder Stecklinge. **Weitere Arten** *P. catingicola*: hellgrün; *P. chrysacanthus*: hellrosa; *P. chrysostele*: rosa; *P. magnificus*: hellblau gewachster Stamm.

🪴 im Sommer ins Freie stellen   ⚱ als Ampelpflanze geeignet   ☘ duftend   ❋ pflegeleicht

PFLANZEN-PORTRÄTS

Rhipsalis baccifera

GRÖSSE 100–150 cm (Triebe) | **BLÜTEZEIT** Winter–Frühjahr | **BLÜTENFARBE** weißlich, creme

Diese *Rhipsalis*-Art heißt auf Deutsch »Binsenrutenkaktus« oder auch »Korallenkaktus«. Sie ist im ganzen tropischen Amerika, inklusive Karibik, Florida und Ost-Mexiko zu Hause. Es ist die einzige Kakteenart, die vermutlich durch Vögel in die Alte Welt bis ins tropisches Afrika und sogar nach Sri Lanka verbreitet wurde.

Blüte Weißliche bis cremefarbene, etwa 0,5 cm große, radiäre Blüten. Die Pflanze bildet kugelige, weiße, etwas durchscheinende Früchte, die ihr im Englischen auch den Namen »Mistletoe Cactus« – Mistel-Kaktus – eingetragen haben.

Wuchs Hängende, sich verzweigende Triebe mit 4–6 mm Durchmesser. Die Triebe werden in der Natur bis zu 4 m lang und bilden dann lange Kaskaden. Die Pflanze hat keine Dornen, manchmal aber kleine Borsten.

Pflege *Rhipsalis* eignet sich als Hängepflanze in Fensternähe, man muss sie jedoch vor praller Mittagssonne schützen. Im Winter bei mindestens 15 °C halten und ein- bis zweimal wöchentlich gießen. Die Pflanzen verlieren bei zu trockener Überwinterung leicht an Substanz.

Vermehrung Durch Samen, Kopf- oder Teilstecklinge.

Besonderheiten Als ausgefallene Ampelpflanze für warme und feuchte Räume geeignet.

Weitere Arten Ebenfalls attraktiv ist *Rhipsalis mesembryanthemoides* (Abb. rechts). Sehr ähnliche Gattungen sind *Lepismium* und *Pseudorhipsalis*. Sie wurden früher zu *Rhipsalis* gezählt.

Indoor-Gruppe

Ceropegia ampliata

☼ ☼ ☀ 🌿 🪴 ✻ GRÖSSE bis 200 cm lang
BLÜTEZEIT Spätsommer | BLÜTENFARBE weißlich bis hellgrün

Die Pflanze mit dem deutschen Namen Leuchterblume zeichnet sich durch sehr eigentümliche Blüten aus. Sie stammt aus dem tropischen und subtropischen Afrika.
Blüte Weißliche bis hellgrüne, 5–7 cm lange Blüten mit einer weißlichen Röhre mit grünen Längsstreifen. Die Blütenbasis ist bauchig, die gelben bis grünen Blütenkronblätter sind zipfelförmig und an der Spitze verwachsen. **Wuchs** Hängende oder kriechende, lange, dünne, olivgrüne Triebe; sehr kleine Blättchen, die rasch abfallen.
Pflege An sonnigen bis halbschattigen Fenstern; ganzjährig warm bei mindestens 15 °C halten. Regelmäßig gießen und düngen, im Winter etwas sparsamer. **Vermehrung** Durch Kopf- oder Stammstecklinge oder Samen. **Weitere Arten** *C. dichotoma, C. fusca*: aufrechte, dicke Triebe; *C. radicans, C. sandersonii*: rankende Triebe.

Cynanchum marnierianum

☼ ☀ 🌿 🪴 ✻ GRÖSSE 80–150 cm | BLÜTEZEIT Herbst | BLÜTENFARBE gelb

Cynanchum marnierianum stammt aus Madagaskar. Sie ist eine dankbare, blühwillige und sehr exotische Ampelpflanze.
Blüte Die kleinen, gelben Blüten stehen in Büscheln am Spross. Sie besitzen je fünf Kronzipfel, die an der Spitze – ähnlich wie bei der Leuchterblume – miteinander verwachsen sind. Sie duften leicht nach Honig. **Wuchs** Blattlose, knorpelige Triebe, etwa 4–6 mm dick; hängend, grünlich braun. **Pflege** Um sicher zu blühen, braucht die Pflanze viel Licht. Überwinterung im beheizten Zimmer. Humoses Substrat verwenden; ganzjährig mäßig gießen, im Winter etwas weniger; werden die Triebe zu lang, kann man sie stutzen. **Vermehrung** Durch Kopf- und Stammstecklinge; am besten mehrere im späten Frühjahr in einen Topf setzen. **Besonderheiten** Attraktive Pflanze, wirkt durch die warzige, wachsige Oberfläche exotisch.

 im Sommer ins Freie stellen   als Ampelpflanze geeignet   🪴 duftend   pflegeleicht

PFLANZEN-PORTRÄTS

Euphorbia ingens

GRÖSSE über 200 cm | **BLÜTEZEIT** Herbst
BLÜTENFARBE gelb

Die Kandelaberwolfsmilch *Euphorbia ingens* kommt von der Küstenzone Natals bis in die tropischen Gegenden Afrikas vor. Sie gehört zu den Wolfsmilchgewächsen, einer sehr großen Pflanzenfamilie mit ca. 500 sukkulenten Arten. Für sie alle ist typisch, dass sie einen klebrigen weißen Milchsaft besitzen, der austritt, wenn die Pflanze verletzt wird. Vorsicht: Bei Berührung mit der Haut kann er mehr oder weniger heftige Reizungen verursachen.
Blüte Bei allen Euphorbien stehen die Blüten in Blütenständen zusammen. Diese werden Cyathium genannt. Die Einzelblüten wirken auf den ersten Blick unscheinbar, erweisen sich bei genauem Hinsehen aber als sehr interessante Gebilde. Jede Einzelblüte ist eingeschlechtlich, also entweder weiblich oder männlich, und auf das Notwendigste reduziert. Bei manchen Euphorbienarten gibt es Pflanzen mit ausschließlich männlichen sowie mit rein weiblichen Blütenständen, bei anderen Arten gibt es Pflanzen, die sowohl männliche als auch weibliche Cyathien tragen. Wieder andere Arten bilden zweigeschlechtige Cyathien aus. Bei der Kandelaberwolfsmilch ist das Cyathium gelb und sondert große Mengen Nektar ab. Wie bei allen Eurphorien fehlen die eigentlichen Blütenblätter – an ihrer Stelle umgeben Nektardrüsen die Blüten der Kandelaberwolfsmilch.
Wuchs In der Natur wächst die Kandelaberwolfsmilch zu bis zu 10 m hohen, baumartigen Pflanzen heran. Aber auch schon kleinere, als Zimmerpflanzen gehaltene Exemplare verzweigen sich zu

 sonnig   halbschattig   hell, aber keine direkte Sonne

Mit Fensterbankformat gibt sich *Euphorbia obesa* zufrieden. Wie manche Kakteen hat sie einen kugeligem Wuchs, ist mit diesen aber nicht verwandt.

Die Triebe der Wolfsmilch *Euphorbia aeruginosa* sind apart blaugrün gefärbt. Einen besonders hübschen Kontrast dazu bilden die gelben Blütenstände.

attraktiven Kandelabern. Die Triebe besitzen vier ausgeprägte Rippen, auf denen im Abstand von mehreren Zentimetern die kurzen Dornen angeordnet sind.

Pflege Die Pflanzen kommen mit weniger Licht zurecht als Kakteen. Trotzdem sollten sie maximal 1 m vom Fenster entfernt stehen. Überwinterung bei Zimmertemperatur. Sie vertragen Temperaturschwankungen relativ gut, solange es nicht kühler als 10–15 °C wird.

Vermehrung Durch Samen oder Stecklinge.

Weitere Arten Das Gegenstück zur großen Kandelaberwolfsmilch ist *Euphorbia aeruginosa*, die Bäumchenwolfsmilch aus Südafrika. Sie wächst dort in Felsspalten und auf tiefgründigen, sandigen Böden und wird gerade mal 15 cm hoch. Ihre Blütenstände, die Cyathien, sind intensiv gelb gefärbt. Die Sprosse sind hellgrün bis blaugrün und gemustert. Sie verzweigen sich und bilden so attraktive »Mini-Kandelaber«. Die Bäumchenwolfsmilch braucht einen sonnigen bis halbsonnigen Platz bei Zimmertemperatur; die Überwinterung sollte bei deutlich über 10–12 °C erfolgen. Die Art lässt sich im Sommer gut durch Stecklinge vermehren – die Bodenwärme fördert die Bewurzelung. Eine weitere kleinwüchsige Art und eine aparte Pflanze für das Fensterbrett ist *Euphorbia obesa*. Diese im Englischen Baseball-Wolfsmilch genannte Art kommt aus der Eastern Cape Provinz in Südafrika. Sie bildet ganz ähnlich einigen Kakteen – mit denen sie aber nicht verwandt ist – einen kugeligen, aber unbedornten nackten Pflanzenkörper. Dieses Phänomen – wenn Pflanzen unterschiedlicher Familien ähnliche Merkmale entwickeln – nennt man Konvergenz. Die Pflanzen sind olivgrün gefärbt, mit hübschen purpurfarbenen Querlinien gemustert und tragen entweder nur männliche oder weibliche Blüten. Sie können ganzjährig bei Zimmertemperatur gehalten werden, vertragen aber auch eine kühle Winterruhe gut.

im Sommer ins Freie stellen   als Ampelpflanze geeignet   duftend   pflegeleicht

Kalanchoe beharensis

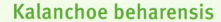 GRÖSSE 100–300 cm | BLÜTEZEIT Frühjahr | BLÜTENFARBE rosagrün bis grün-gelblich

Die Pflanze hat mehrere hübsche deutsche Namen: Sie wird Samtblatt, Filz-Kalanchoe oder Elefantenohr genannt und gehört zur Familie der Dickblattgewächse. Beheimatet ist sie ursprünglich in den Trockenwäldern Madagaskars. **Blüte** Die Blüten stehen in 40–50 cm hohen Blütenständen. Sie sind rosagrün bis grüngelblich gefärbt und rotbraun gemasert. Die Einzelblüten bestehen aus einer Röhre, die oben in kurze Blattspitzen ausläuft, die sich glockenartig spreizen. Der Blütenkelch ist wollig behaart. **Wuchs** Auffällig sind die gewellten, bis 40 cm langen und 30 cm breiten, samtig behaarten Blätter. Die Sorte 'Hüng Fang' (Abb.) hat kleineres Laub. **Pflege** Für helle bis sonnige Fenster geeignet; Überwinterung im Zimmer; sie verträgt aber auch Temperaturen bis 12 °C. **Vermehrung** Durch Blatt- oder Sprossstecklinge.

Pachypodium densiflorum

 GRÖSSE bis 70 cm | BLÜTEZEIT Sommer | BLÜTENFARBE tiefgelb

Diese Pflanze aus der Familie der Hundsgiftgewächse stammt aus Madagaskar, wo sie die Hänge der Inselberge und die Hochplateaus besiedelt. Typisch ist, dass ihr Stamm mehr in die Breite als Höhe wächst. **Blüte** Die Pflanzen entwickeln bis zu zehn tiefgelbe Blüten an jedem 25–40 cm langen Blütenstiel. Sie blühen bereits im Alter von vier bis fünf Jahren. **Wuchs** Der dicke Stamm, auch Caudex genannt, ist von einem feinen, silbrig haarigen Filz überzogen. Aus ihm entspringen die bedornten und kräftigen Äste. Die sattgrünen, ledrigen Blätter der Blattrosetten fallen alljährlich ab. **Pflege** Die Pflanze braucht sehr luftdurchlässige, gute Blumen- oder Kakteenerde. Unbedingt »kalte Füße« vermeiden – die Pflanzen sollten nicht unter 15 °C stehen. **Vermehrung** Nur durch Samen.

☼ sonnig ◐ halbschattig ☀ hell, aber keine direkte Sonne

Indoor-Gruppe

Pachypodium lamerei

☼ ☽ 🪴 💧 ✽ GRÖSSE 200 cm | BLÜTEZEIT Sommer | BLÜTENFARBE weiß

Weil die Pflanze aus Madagaskar stammt, ist sie auch unter der Bezeichnung Madagaskarpalme bekannt. Sie ist jedoch in keiner Weise mit Palmen verwandt, sondern gehört zur Familie der Hundsgiftgewächse. **Blüte** Die leicht duftenden Blüten sind weiß und 6–11 cm groß. Sie sitzen an bis 70 cm langen Blütenständen, allerdings blühen erst ältere Pflanzen mit einer Wuchshöhe von 120–200 cm. **Wuchs** In der Natur bis 6 m hoch, mit verzweigter Krone. Der zylinderförmige, wasserspeichernde Stamm ist von Dornen besetzt, die in Dreiergruppen dem Stamm entspringen. Am Sprossende sitzt eine Rosette lediger Blätter. **Pflege** An sehr hellen bis sonnigen Fenstern; ganzjährig warm halten, nie unter 15 °C. **Vermehrung** Durch Samen. **Weitere Arten** *P. geayi* entwickelt sich ähnlich, die robusten Blätter sind rötlicher als die von *P. lamerei*.

Stapelia gettliffei

☼ ☽ 🪴 💧 ✽ GRÖSSE 15–20 cm | BLÜTEZEIT Sommer–Herbst | BLÜTENFARBE purpurfarben

Stapelien werden oft Aasblumen genannt, weil die Blüten einen an Aas erinnernden Geruch verströmen. Sie gehören zur Familie der Hundsgiftgewächse. *Stapelia gettliffei* stammt aus Südafrika, Mosambik und Simbabwe. **Blüte** In der Regel wird an einem Blütenstiel immer nur eine Blüte gebildet. Sie hat 9–12 cm Durchmesser, die Blütenzipfel sind purpurfarben und besitzen rötliche Flaumhaare. **Wuchs** Polster bildende, 1,2–1,5 cm dicke Triebe. Sie treiben immer dort Wurzeln, wo sie am Boden aufliegen. So entstehen ganze Kolonien. **Pflege** Im Sommer vor praller Sonne schützen; im Winter sind 15–18 °C optimal. Stark mineralische Erde verwenden. **Vermehrung** Durch Samen und Stecklinge. **Weitere Arten** *S. gigantea*: große gelbe Blüten, purpurne Querbänder; *S. kwebensis*: gelbe bis schwarzbraune Blüten.

🪴 im Sommer ins Freie stellen   💧 als Ampelpflanze geeignet   🫧 duftend   ✽ pflegeleicht

PFLANZEN-PORTRÄTS

Mammillaria

GRÖSSE 3 cm–2 m | **BLÜTEZEIT** Frühjahr–Sommer | **BLÜTENFARBE** weiß, rosa, rot und gelb

Mammillaria ist die vermutlich bekannteste Kakteengattung und stellt etwa 10% aller Kakteenarten. Die Arten der Gattung sind die Lieblinge vieler Kakteenfreunde. Auf Deutsch werden sie oft Warzenkaktus oder Nippelkaktus genannt. Ihre Heimat ist Mittelamerika mit dem Hauptverbreitungsgebiet Mexiko, einige Arten sind in den Südstaaten der USA, in Guatemala, von Honduras bis Venezuela, in Nordkolumbien sowie vereinzelt auf den Karibischen Inseln zu finden.

Blüte Die Blüten entstehen nie im Scheitel, sondern werden meist in ganzen Kränzen aus der wolligen Basis älterer Warzen gebildet. Mammillarien sind außerordentlich blühfreudig. Die Einzelblüte hält meist nur wenige Tage, doch ein Blütenkranz besteht häufig aus sehr vielen Blüten, die nacheinander aufblühen. Dadurch dauert die Blühphase einer Mammillaria einige Monate. Die Blütenfarben reichen von Rot über Rosa bis Weiß, seltener ist Gelb. Die Blüten sind in der Regel klein und glocken- oder trichterförmig. Ein ganz besonderer Schmuck sind die meist leuchtend rot bis lila gefärbten Früchte.

Wuchs Kleine bis mittelgroße Kugelkakteen, flach bis zylindrisch; manche Arten bilden einzelne unverzweigte Körper, andere wachsen sprossend und bilden viele Seitentriebe. Charakteristisch für Mammillarien sind ihre auffälligen Warzen, auf deren Spitze sich die Dornen bilden. Manche Arten besitzen einen weißen Milchsaft.

Pflege Die pflegeleichten und unkomplizierten Mammillarien sind gut geeignet für die Kultur auf dem Fensterbrett. Im Sommer fühlen sie sich auch im Garten oder auf der Terrasse wohl. Sie brauchen viel Licht – mindestens 2 Stunden direkte Sonne täglich – und eine kühle, trockene Winterruhe mit Temperaturen unter 15 °C. Geeignete Winterstandorte sind Treppenhaus, Schlafzimmerfenster oder Keller. Die Winterruhe ist entscheidend dafür, dass die Pflanzen im nächsten Jahr wieder üppig blühen. Alle zwergwüchsigen Mammillarien brauchen rein mineralische Erde, alle anderen Arten vertragen auch normale Kakteenerde.

Vemehrung Durch Samen. Manche Arten auch durch Stecklinge.

Besonderheiten Die leuchtenden roten bis lila gefärbten Früchte der Mammillarien werden als Obst gesammelt und zu Marmeladen verarbeitet. Manche Arten dienen in ihrer Heimat sogar als

Die Klassiker

Ein echter Blickfang in jeder Kakteensammlung ist *Mammillaria guelzowiana*. Rund zwei Monate lang verwöhnt sie uns mit ihren leuchtend purpurroten Blüten.

In schlichtem Weiß blüht dagegen *Mammillaria vetula* ssp. *gracilis*. Dafür öffnet sie ihre Blüten oft schon zur Weihnachtszeit und blüht dann bis zum Herbst.

Heilpflanzen: Zerschnittene Stücke von *Mammillaria heideri* zum Beispiel werden von den Ureinwohnern Mittelamerikas zur Behandlung von Ohrenschmerzen eingesetzt.

Arten *Mammillaria albicans* f. *slevinii* (→ Seite 40) wächst in der Natur auf der Halbinsel Niederkalifornien und einigen benachbarten Inseln. Die Pflanzen blühen im Sommer. Die Blüten sind mit 2 cm recht groß für die sonst meist kleinblütigeren Mammillarien. Sie sind weiß bis hellrosa und breit trichterförmig mit einem dunkelrosa Mittelstreif; die Früchte sind keulenförmig und orange bis rot. Der kugelige, bis 6 cm breite Körper wächst anfangs einzeln, später bilden sich an seiner Basis Seitensprosse, und die Triebe verlängern sich zu kurzen Säulen.

M. guelzowiana (Abb. links) ist ein Warzenkaktus aus Mexiko. Er beeindruckt durch seine bis 7 cm großen, intensiv leuchtend purpurroten Blüten, die zwischen Mai und Juni erscheinen. Sie sind glocken- bis trichterförmig und blühen jeweils vier bis fünf Tage lang. Die Art wächst anfangs als einzelne Kugel, später bilden sich Seitensprosse; die Randdornen sind haarartig und hüllen den Pflanzenkörper weißwollig ein. Nur die rötlich braunen, gehakten Mitteldornen ragen darüber hinaus. Eine ebenfalls sehr attraktive Art ist *Mammillaria vetula* ssp. *gracilis* (Abb. rechts), die auch aus Mexiko stammt. Die nur 1,2 cm langen, weißen Blüten erscheinen zwischen Januar und Oktober immer wieder in Schüben und bilden attraktive rote Früchte. Es gibt auch rosa blühende Formen, die ebenfalls bereits ab Januar blühen. Die kleinen Sprosse sind von weißen Dornen dicht eingehüllt. Im Alter bilden die Pflanzen kräftigere Dornen, die stärker abstehen. Dies verändert das Aussehen dieser Kakteen deutlich. Die Pflanzen sind außerordentlich vital: Sie bilden große Mengen an Sprossen, die von selbst abfallen und leicht bewurzeln. Was in der Natur zur natürlichen Verbreitung beiträgt, lässt bei uns jedes Kind zum erfolgreichen Gärtner werden.

im Sommer ins Freie stellen   als Ampelpflanze geeignet   duftend   pflegeleicht

Rebutia

GRÖSSE 2–10 cm | **BLÜTEZEIT** Frühjahr–Sommer
BLÜTENFARBE weiß, rosa bis rot und gelb

Die Arten der Gattung *Rebutia* gehören wegen der einfachen Pflege und der hübschen Blüten zu den populärsten Zwergkakteen Südamerikas. Sie sind robuste Gebirgspflanzen aus den Anden Boliviens und Nordwestargentiniens. Weil sie so klein sind, lässt sich mit ihnen eine ganze Sammlung verschiedener Arten auf einem Fensterbrett unterbringen.
Blüte Die Blüten erscheinen ab dem zeitigen Frühjahr bereits an ein- bis zweijährigen Pflanzen. Sie leuchten in den Farben Weiß, Rosa, Orange und Gelb, aber auch in Purpur- oder Magentarot. Die trichterförmigen Blüten öffnen sich tagsüber. Sie erscheinen über die ganze Blütezeit hinweg in mehreren Schüben.
Wuchs Die Pflanzen sind gedrückt kugelig bis kurzzylindrisch, sie bleiben einzeln oder verzweigen zu kleinen Polstern. Die Dornen sind meist kurz, oft borstenartig und hüllen den Körper oft ganz ein.
Pflege Rebutien brauchen einen Platz an sonnigen Fenstern, im Sommer stehen sie gern im Freien. Im Winter unbedingt kühl bei 5–8 °C halten. Alle Rebutien sind Gebirgspflanzen, daher vertragen sie keine stehende Hitze, mögen aber viel frische Luft und vertragen auch hohe Temperaturschwankungen.
Vermehrung Durch Samen oder durch das Abtrennen von Seitensprossen.
Arten Sehr attraktiv ist *Rebutia minuscula* (Abb. links). Sie bildet viele rote Blüten. Weitere beliebte Arten sind *R. marsoneri* und *R. heliosa* var. *condorensi* (Abb. rechts unten).

Die Klassiker

Sulcorebutia rauschii

☀ 🏠 ✻ GRÖSSE 3–4 cm | BLÜTEZEIT Sommer
BLÜTENFARBE magentarosa

Dieser Zwergkaktus stammt aus Bolivien. Dort wächst er in Hochlagen zwischen 2000 und 3500 m. *Sulcorebutia*-Arten haben die farbintensivsten und leuchtendsten Blütenfarben überhaupt und oft glänzende Blüten. Eine Sammlung dieser dekorativen Kakteen ist ein Schmuckstück auf jeder Fensterbank. **Blüte** Die leuchtend magentarosa Blüten öffnen sich weit trichterförmig und sind bis 5 cm groß. **Wuchs** Flachkugelige Pflanzenkörper, bis 3 cm groß, grün-grau bis violett gefärbt. Sie bilden sprossend kleine Gruppen mit Rübenwurzel und klitzekleinen, anliegenden Dornen. **Pflege** An sonnigen Fenstern auf frische Luft achten. Im Sommer im Freien, im Winter kühl bei 5–10 °C. Wegen der Rübenwurzel tiefe Töpfe benutzen; stark mineralisches, gut durchlässiges Substrat ist wichtig. **Vermehrung** Durch Samen und Stecklinge der Seitensprosse.

Weingartia neocumingii

☀ 🏠 ✻ GRÖSSE bis 30 cm | BLÜTEZEIT Frühjahr–Sommer | BLÜTENFARBE goldgelb bis dunkelrot

Dieser mit *Rebutia* (→ Seite 42) nah verwandte Kaktus stammt ebenfalls aus den Hochlagen Boliviens und wächst dort in 2000–3000 m Höhe. **Blüte** Die Art glänzt mit üppiger und lang anhaltender Blütenpracht. Die Farben reichen von Gold- über Orangegelb bis Dunkelrot, ja sogar Weiß. Die 3,5 cm langen und 4 cm breiten Blüten sind trichterförmig und stehen in einem Kranz in Scheitelnähe oder im Schulterbereich des Pflanzenkörpers. Aus einer Areole erscheinen bis zu vier Blüten gleichzeitig. **Wuchs** Eine sehr variable Art, die gewöhnlich einzelne unverzweigte, bis zu 30 cm dicke Sprosse bildet. Sie hat deutliche, aber flache Warzen, auf denen bis zu 30 weiße bis gelblich-bräunliche Dornen sitzen. **Pflege** Sonnige Fenster, im Sommer im Freien; kühle Winterruhe oder Überwinterung bei 15 °C. **Vermehrung** Durch Stecklinge.

🏠 im Sommer ins Freie stellen   🌿 als Ampelpflanze geeignet   ⚱ duftend   ✻ pflegeleicht

PFLANZEN-PORTRÄTS

Echinopsis-Hybriden

GRÖSSE 20–40 cm | **BLÜTEZEIT** Frühjahr–Herbst
BLÜTENFARBE alle Farben außer Blau

Echinopsis-Hybriden zählen zu den bekanntesten und beliebtesten Kakteen: Sie sind leicht zu pflegen und überzeugen durch ihre enorme Blüte. Deshalb sind sie unter dem Namen »Bauernkaktus« bereits seit Generationen bei uns in Kultur verbreitet. Wegen ihrer großen Blüten, die sich oft in der Nacht öffnen, werden sie fälschlicherweise auch »Königin der Nacht« genannt. Heute gibt es Tausende verschiedener *Echinopsis*-Hybriden. Die Eltern dieser Züchtungen kommen ursprünglich aus Südamerika. Sie sind dort – je nach Art – in verschiedenen Höhenlagen verbreitet.

Blüte Die Blüten leuchten in vielen Farben von Weiß über Gelb bis Rot; es gibt auch mehrfarbige Züchtungen. Typisch sind die riesigen, trompetenförmigen Blüten. Sie werden 20–30 cm lang, blühen nur wenige Tage und öffnen sich erst abends gegen 17 Uhr. Am nächsten Morgen schließen sich die Blüten wieder. Die Blüte verläuft in mehreren Schüben von April bis in den späten Sommer und Herbst. Je älter und größer eine *Echinopsis*-Hybride ist, umso mehr Blüten kann sie entwickeln
Wuchs Kugelig, später kurzsäulig und mehr oder weniger üppig sprossend, dadurch Gruppen bildend. Die Pflanzenkörper haben scharfe Rippen, mit mehr oder weniger vielen Dornenpolstern.
Pflege Alle *Echinopsis*-Hybriden sind sehr pflegeleicht. Sie brauchen einen sonnigen Fensterplatz. Die sehr robusten Pflanzen stehen im Sommer aber auch gern im Freien. Im Winter kühl halten und nicht gießen. Da die Pflanzen sehr wüchsig sind, sollte man auf eine regelmäßige Düngung achten.
Vermehrung Durch Stecklinge – nur durch diese Art der Vermehrung erhält man farbechte Nachkommen.
Hybriden Weil es heute eine so große Zahl von *Echinopsis*-Hybriden gibt, kann man sich leicht eine ganze Sammlung in den verschiedensten Farben zulegen. 'Attila': sattrosa, gefüllt; 'Hako-ju': cremerosa bis weiß, duftend; 'Hildegard Winter': helles Zitronengelb; 'Love Story': kirschfarbig bis karminrot mit rotem Mittelstreifen; 'Melodie': lila mit lachsrosa Mittelstreifen; 'Poesie': weiß-rosa mit lilaorangefarbenem Mittelstreifen; 'Rheingau': malve mit lachsrotem Mittelstreifen; 'Rosenfee': rosa mit hellgelbem Mittelstreifen.
Arten Neben den Hybriden sind auch viele *Echinopsis*-Arten verbreitet. *Echinopsis chamaecereus* zum Beispiel ist eine für die Gattung merkwürdig

 sonnig   halbschattig hell, aber keine direkte Sonne

Die Klassiker

Bei *Echinopsis marsoneri* thronen tiefgelbe Blüten mit fast dunkelrotem Schlund und dunkelroten Spitzen auf dem kugeligen Pflanzenkörper.

Einen für die Gattung ungewöhnlich schlanken Wuchs zeigt *Echinopsis chamaecereus*. Außerdem treibt sie sehr leicht viele orange-scharlachrote Blüten.

kleine und schlanksprossige Art. Sie wurde früher auch unter dem Namen *Chamaecereus silvestrii* geführt. In ihrer Heimat Argentinien wächst sie in Höhenlagen von 2500–3500 m in Savannen und lichten Wäldern. Die Blüten sind kräftig orange-scharlachrot, bis 7 cm lang und trichterförmig. Die Pflanze treibt schlanke, weiche, stark verzweigende Triebe, die Polster bilden; die Dornen sind sehr klein und anliegend. Auch von *Echinopsis chamaecereus* gibt es inzwischen Kreuzungen, die in Gelb sowie Rot- und Lilatönen blühen. Es gibt auch eine weiß blühende Sorte. Unter dem Namen *Echinopsis marsoneri* werden heute mehrere Arten zusammengefasst, die früher unter dem Namen *Lobivia* bekannt waren. *Echinopsis marsoneri* stammt aus dem südlichen Bolivien und dem nördlichen Argentinien aus Höhenlagen zwischen 2500 und 4500 m. Ihre Blüten sind 5–6 cm lang, trichter- bis glockenförmig. Sie sind sehr dekorativ gelb bis rot gefärbt und besitzen einen dunklen Schlund, was den

Pflanzen eine ganz besondere Ausstrahlung gibt. Die blaugrau-grünen kugeligen Pflanzenkörper bleiben meist einzeln und sprossen nur selten. Sie bilden eine auffällig starke Rübenwurzel aus. Der Körper ist in 20 Rippen aufgefaltet, die bis 7 cm lange Dornen tragen. Eine weitere Art ist *Echinopsis mirabilis*. Sie ist im Handel auch unter dem Namen *Setiechinopsis mirabilis* bekannt. In ihrer Heimat Argentinien wird sie »Flor de adoracion« (Blume der Anbetung) genannt. Dort wachsen die Pflanzen im Tiefland zwischen 500–1000 m. Die Blüten stehen an einem 10 cm langen Blütenstiel, sind weiß und öffnen sich – ganz nach *Echinopsis*-Manier – erst zur Feierabendzeit am späten Nachmittag. Schon zweijährige Pflanzen blühen. Die Blüten duften die ganze Nacht. Die Pflanzen bilden einzelne, bis 2 cm dicke Säulen. Sie sind merkwürdig bräunlich grün gefärbt. *Echinopsis mirabilis* gedeiht an sonnigen sowie nur kurzzeitig besonnten, hellen Plätzen und muss vor praller Sonne geschützt werden.

im Sommer ins Freie stellen   als Ampelpflanze geeignet   duftend   pflegeleicht

PFLANZEN-PORTRÄTS

Echinocereus rubispinus

GRÖSSE 20–30 cm | BLÜTEZEIT Frühjahr–Sommer
BLÜTENFARBE purpurfarben

Durch seine lebhaft rot-violett gefärbte, eng und dicht anliegende Bedornung, die mit helleren Dornen abwechselt, zaubert dieser Kaktus einen unverwechselbaren Farbtupfer auf jedes Fensterbrett. Sein vollständiger botanischer Name lautet heute *Echinocereus rigidissimus* ssp. *rubispinus*. Seine Heimat ist Mexiko. **Blüte** Die 6–9 cm großen, trichterförmigen Blüten sind leuchtend purpurfarben mit weißem Schlund. Jede Blüte hält bis zu einer Woche lang. **Wuchs** Die Pflanzen wachsen anfangs kugelig, später zylindrisch und bilden bis 6 cm dicke Triebe; sehr selten sprossend. **Pflege** Im Zimmer oder im Sommer im Freien; im Winter kühl bei mindestens 5 °C. In rein mineralische Erde pflanzen. **Vermehrung** Durch Samen. **Weitere Arten** Die Dornen des Regenbogenkaktus *Echinocereus rigidissimus* sind weniger intensiv gefärbt.

Oreocereus celsianus

GRÖSSE 200 cm | BLÜTEZEIT Sommer
BLÜTENFARBE rosarot

In seiner Heimat wird dieser haarige Säulenkaktus »Alter Mann der Anden« genannt. Er stammt aus Bolivien, Peru und Nordargentinien und kommt dort in Hochlagen zwischen 2900 bis 3600 m vor. **Blüte** Die 7–9 cm langen und 3 cm breiten Blüten sind hell rosarot und röhrenförmig. **Wuchs** Die Pflanze wächst zunächst als einzelner, 8–12 cm dicker Stamm, der sich später an der Basis verzweigt. Er ist dicht mit bis zu 5 cm langen Wollhaaren bedeckt. Die dicken gelblich bis rötlich braunen Dornen werden bis zu 8 cm lang. **Pflege** Er braucht im Winter unbedingt kühle Temperaturen von 0–10 °C. Wegen der kräftigen Wurzeln ausreichend große Töpfe wählen. **Vermehrung** Durch Samen. **Weitere Arten** *O. doelzianus*: bläulich-karminrot; *O. ritteri*: rot; *O. varicolor*: rosa bis karminrot.

sonnig   halbschattig   hell, aber keine direkte Sonne

Die Klassiker

Stenocactus multicostatus

☀ 🪴 ✤ GRÖSSE 10 cm | BLÜTEZEIT zeitiges Frühjahr
BLÜTENFARBE weiß mit violettrotem Mittelstreifen

Ihren deutschen Namen Lamellenkaktus hat die Art von der großen Zahl ihrer Rippen. Der alte Name ist *Echinofossulocactus multicostatus*. Die attraktive Art kommt aus Mexiko. **Blüte** Die trichterförmigen, bis 2,5 cm langen Blüten sind weiß mit violettrotem Mittelstreifen. Sie halten bis zu einer Woche lang. **Wuchs** Flachkugelig, 6 cm hoch und 10 cm im Durchmesser, im Alter auch länglich, meist einzeln. Die markanten Rippen sind sehr dünn, scharfkantig und wellig mit schmalen Furchen. Auffallend sind die papierartigen, bis 3 cm langen Dornen. **Pflege** Am sonnigen Fenster. Kühle Überwinterung ist sinnvoll, aber zur Blütenbildung nicht unbedingt nötig. Die Art braucht stark mineralische Erde. **Vermehrung** Durch Samen. **Weitere Arten** *S. crispatus*: hell mit rotlila Mittelstreifen; *S. sulphureus*: schwefelgelb.

Thelocactus bicolor

☀ 🪴 ✤ GRÖSSE bis 40 cm | BLÜTEZEIT Frühjahr–Sommer | BLÜTENFARBE weiß bis hell magentarot

Der in Texas und Mexiko verbreitete *Thelocactus bicolor* kommt in den Wüsten Mexikos in Höhen bis in 2000 m vor. Sowohl die Blüten als auch die Dornen sind zweifarbig, was dieser attraktiven und pflegeleichten, nicht alltäglichen Art wohl den Namen »bicolor« (zweifarbig) eingebracht hat. **Blüte** Die trichterförmigen Blüten sind mit 4–8 cm sehr groß. Sie leuchten in hellem Magentarot. Nur selten sind sie fast weiß, aber am Grund immer rot. **Wuchs** Anfangs kugelig, im Alter länglich, bis 18 cm Durchmesser und fast 40 cm hoch; selten Gruppen bildend. **Pflege** Am sonnigen Fenster pflegeleicht; im Sommer gern im Freien; trockene Winterruhe bei 6–15 °C; sehr stark mineralische Erde verwenden. **Vermehrung** Durch Samen. **Weitere Arten** *T. hexaedrophorus*: weiß mit magentafarbenem Mittelstreifen; *T. leucacanthus*: gelb.

🪴 im Sommer ins Freie stellen   als Ampelpflanze geeignet   🌸 duftend   ✤ pflegeleicht

PFLANZEN-PORTRÄTS

Agave 'Shoji Rajin'

☼ ☀ 🏠 ❀   GRÖSSE 12 cm | BLÜTEZEIT Sommer–Herbst | BLÜTENFARBE grünlich- bis rötlich-gelb

Die Sorte 'Shoji Rajin' ist eine Miniform der bereits besonders kleinen, in Mexiko heimischen Varietät *Agave potatorum* var. *verschaffeltii*. Sie ist dadurch wie geschaffen für das Fensterbrett. **Blüte** Die Blüten erscheinen erst nach vielen Jahren und in Kultur nur sehr selten – dann entwickelt sich aber ein mächtiger Blütenschaft aus der Blattrosette. Die Blütenstände tragen viele schlanke, lang röhrenförmige Blüten, die an der Basis grünlich-gelb und an der Spitze rötlich-gelb sind. **Wuchs** Die Pflanze bildet eine kompakte Rosette dicker, blaugrau gezähnter Blätter, die durch kurze Ausläufer kompakte Gruppen bilden; die Einzelrosette wird kaum größer als 8 cm. **Pflege** Helle Fensterplätze; im Sommer im Freien; kühle Überwinterung bis max. 5 °C, aber auch eine wärmere Überwinterung ist möglich. **Vermehrung** Durch Stecklinge von Ausläufern.

Crassula ovata

☼ ◐ 🏠 ❀   GRÖSSE bis 100 cm | BLÜTEZEIT Winter–zeitiges Frühjahr | BLÜTENFARBE weiß oder hellrosa

Die Pflanze wird auf Deutsch Geldbaum genannt und gehört zu der Familie der Dickblattgewächse. Sie ist auch unter dem Namen *Crassula portulacea* bekannt. Ihre Heimat ist Südafrika. Diese außerordentlich robuste und pflegeleichte Pflanze ist eine Art »Natur-Bonsai«: Sie wächst kompakt, mit dickem Stamm und kurzen Blattabständen. **Blüte** Die kleinen, sternförmigen Blüten sind weiß oder leicht rosa. **Wuchs** Aufrechte, sich stark verzweigende Pflanzen; sukkulente grasgrüne bis dunkelgrüne Blätter mit stumpfer Spitze, manche Formen rötlich gerandet. **Pflege** Sonnige oder halbsonnige Fensterplätze; nur bei kühler, relativ trockener Überwinterung von 5–10 °C entwickeln sich die Blüten, dann gießt man nur sehr sehr sparsam alle vier Wochen. **Vermehrung** Durch Kopfstecklinge; auch Stamm- und Blattstecklinge oder Aussaat.

☼ sonnig   ◐ halbschattig   ☀ hell, aber keine direkte Sonne

Die Klassiker

Echeveria pulvinata

☼ ◐ 🌡 ✽ GRÖSSE 10–20 cm | BLÜTEZEIT Winter–zeitiges Frühjahr | BLÜTENFARBE orange

Dieses aus Mexiko stammende Dickblattgewächs ist ein sehr dekorativer Schmuck. **Blüte** Die orangefarbenen, langlebigen Blüten sind in rispigen Trauben angeordnet. Sie sind radiär und öffnen sich nur wenig. **Wuchs** Triebe mit einem rosettenartigen Schopf dicker, behaarter Blätter, sich verzweigend. **Pflege** An sonnigen oder halbsonnigen Fenstern; im Sommer im Freien; im Winter kühler bei 5–15 °C und nicht gießen – nur dann bleiben die Pflanzen gesund und kompakt. In gut durchlässige, humos-mineralische Erde pflanzen. **Vermehrung** Meist durch Kopfstecklinge, selten durch Samen; auch Blattstecklinge sind möglich. **Weitere Arten** *E. gibbiflora*: hellgrüne, kahle Blätter; *E. laui*: durch eine Wachsschicht ganz weiß; *E. leucotricha*, *E. pilosa*: behaart; *E. setosa* 'Blue-Miracle': besonders schöne blaue Form.

Senecio crassissimus

☼ ◐ 🌡 ✽ GRÖSSE bis 80 cm | BLÜTEZEIT Sommer–Frühherbst | BLÜTENFARBE gelb

Senecio crassissimus gehört zur Familie der Korbblütengewächse und kommt aus Madagaskar. Eine pflegeleichte und robuste Art, die durch ihre Farbe und auffällige Erscheinung eine Bereicherung für das Fensterbrett oder den Wintergarten ist. **Blüte** Die radiären, gelben Blüten stehen an bis zu 100 cm langen Blütenständen. Sie erscheinen in Kultur aber nur selten. **Wuchs** Die grünen Sprosse und Blätter sind blaugrau-violett überlaufen. Stiel und Blattrand sind violett gefärbt. **Pflege** An sonnigen bis halbsonnigen Fenstern; im Sommer auch im Freien; im Winter kühl ab 5 °C, dann nur alle vier Wochen an warmen Tagen sehr wenig gießen. Kann auch bei Zimmertemperatur überwintert werden, wenn man wöchentlich sparsam gießt. **Vermehrung** Durch Kopf- und Stammstecklinge. **Weitere Arten** *S. medley-woodii*: gelbe Blüten.

🌡 im Sommer ins Freie stellen   ⚓ als Ampelpflanze geeignet   duftend   ✽ pflegeleicht

PFLANZEN-PORTRÄTS

Opuntia-fragilis-Hybriden

GRÖSSE 10 cm | **BLÜTEZEIT** Sommer | **BLÜTENFARBE** gelb, rot, lila

Ihr Name bedeutet übersetzt »zerbrechliche Opuntie«, was sich auf die eiförmigen Sprossglieder bezieht. Sie lösen sich sehr leicht von der Pflanze ab. Dank ihrer mit Widerhaken versehenen Dornen bleiben sie an Mensch und Tier hängen, werden mitgeschleppt und später abgeschüttelt. So wurde die Art bis in die USA und nach Kanada verschleppt und hat damit von allen Kakteen die am weitesten nach Norden reichende Verbreitung.
Blüte Das Farbspektrum der Blüten reicht von gelb über gelb-rot bis rot und lila. Die Blüten sind flach schalenförmig und bis 4,5 cm groß.
Wuchs Die Sprosse sind grün bis rötlich grün oder bläulich grün, verkehrt eiförmig und 2–4,5 cm lang und 1,2–2 cm dick. Sie sind mehr oder weniger bedornt, besitzen jedoch immer Polster kleiner Glochiden – das sind feine, wenige Millimeter lange Widerhakendornen. Die Pflanzen bilden dichte, flache Polster bis 30 cm Durchmesser und können als Bodendecker oder auch hängend über Steinen und Kanten Verwendung finden.
Pflege Diese Opuntien vertragen einen völlig ungeschützten Stand im Freien – im Beet, in einer Trockensteinmauer oder auch im Kübel. Damit sie blühen, ist eine gute Düngung wichtig.
Vermehrung Durch Stecklinge der Sprossglieder.
Besonderheiten Die Dornen von *O. fragilis* wurden von den Ureinwohnern als Angelhaken verwendet.
Hybriden 'Feldberg': gelb-rot; 'Föhr': rot (Abb. rechts); 'Frankfurt': gelb.

 sonnig   halbschattig   hell, aber keine direkte Sonne

Opuntia humifusa

GRÖSSE bis 30 cm | **BLÜTEZEIT** Frühjahr–Sommer | **BLÜTENFARBE** gelb

Opuntia humifusa ist wie *O. fragilis* eine außerordentlich robuste und pflegeleichte Art, die durch ihren kriechenden Wuchs bodendeckend oder herabhängend wächst. Sie ist im Osten der USA bis in den Süden Kanadas (Ontario) sowie im Nordosten Mexikos weit verbreitet. In Mitteleuropa findet man sie verwildert in manchem Weinberg.
Blüte Die gelben Blüten sind untertassenförmig, 4–6 cm lang und breit.
Wuchs Ovale, 5–10 cm lange, 4–6 cm breite Sprosse, anfangs frischgrün, später blaugrün. Die Dornen sind nur als feine, bis 3 mm lange, mit Widerhaken besetzte Glochiden vorhanden. Sie bilden Polster. Große, stechende Dornen sind oft nur im obersten Bereich der Spross-Segmente vorhanden. Im Frühjahr und Sommer stehen die Triebe mehr oder weniger aufrecht, in der Ruhezeit schrumpfen sie stark, verfärben sich rotbraun und legen sich flach dem Boden auf. Dort verwurzeln sie sich erneut und treiben im Frühjahr wieder aus. Daher werden die Pflanzen nicht höher als 30 cm.
Pflege Die Art verträgt wie *O. fragilis* ganzjährig einen völlig ungeschützten Stand im Freien, möglichst frei ausgepflanzt im Beet, in einer Trockensteinmauer oder auch im Kübel oder Balkonkasten. Die Düngung von März bis Juni ist wichtig für einen guten Blütenansatz, für gesundes Wachstum und die Erhaltung der Winterhärte. Gießen ist dann nötig, wenn die Pflanzen regengeschützt stehen.
Vermehrung Meist durch Stecklinge. Dazu trennt man im Juli ganze Sprossglieder von der Pflanze. Bei der Vermehrung durch Samen erntet man die Früchte im Spätherbst, reinigt die Samen vom Fruchtfleisch und sät im Frühjahr aus. Die Keimung erfolgt in der Regel sehr ungleichmäßig.
Besonderheiten Diese Art findet in der Volksmedizin der Ureinwohner ihres Verbreitungsgebiets vielfach Verwendung: Geschälte Sprosse werden auf Wunden aufgelegt, sie sollen bei Schlangenbissen helfen und Warzen verschwinden lassen. Außerdem wird die Pflanze beim Färben als Beizmittel benutzt.
Weitere Arten *O. basilaris*: lila, geschütze Standorte; *O. macrocentra*: gelb; *O. phaeacantha*: verschiedene Farben, robust; *O. polyacantha*: attraktiv durch dichte Bedornung, robust, von *O. polyacantha* gibt es viele Zuchtformen in verschiedenen Farben; *O. rhodantha* blüht lila; *O. ursina* besitzt leuchtend gefärbte Dornen.

PFLANZEN-PORTRÄTS

Opuntia-hystricina-Hybriden

GRÖSSE 25–35 cm | **BLÜTEZEIT** Sommer
BLÜTENFARBE creme, gelb, rosa, rot bis lila

Botanisch gesehen handelt es sich bei *Opuntia-hystricina*-Hybriden um Züchtungen, bei denen vor allem eine Varietät der Stachelschwein-Opuntie *Opuntia polyacantha* var. *hystricina* als Elternteil verwendet wurde. Diese ist in den USA weit verbreitet, besonders im Norden Arizonas bis nach Südcolorado. Sie ist dort an sehr tiefe Temperaturen angepasst, daher ertragen die Züchtungen auch die mitteleuropäischen Wintertemperaturen sehr gut. Diese Art zeichnet sich dadurch aus, dass sie auch während der winterlichen Ruhezeit Feuchtigkeit verträgt. Deshalb sind die heute verbreiteten Hybriden, die alle unter härtesten mitteleuropäischen Bedingungen ausgelesen wurden, hervorragend für unsere Freilandkultur geeignet.
Blüte Das große Farbspektrum der angebotenen Sorten reicht von creme über gelb, rosa und rot bis lila – es bietet wirklich für jeden Geschmack den richtigen Farbton. Die schalenförmigen Blüten sind mit 7 cm Durchmesser zudem recht groß.
Wuchs Die einzelnen flachen Sprosse verzweigen sich strauchig und bilden umfangreiche, 25–35 cm niedrige, dichte Pflanzen; die Triebsegmente sind rund bis verkehrt eiförmig, bis 5 cm breit, 12 cm hoch und 1 cm dick. Je sechs bis zehn nadelige, gerade, auffällig gefärbte, bis 10 cm lange Dornen bilden ein Dornenpolster. Es gibt Sorten mit besonders hellen, fast weißen bis hin zu solchen mit rötlich braunen Dornen.

Outdoor-Gruppe

Diese aus dem Süden Arizonas stammende Form treibt schöne gelbe Blüten. Mit einem Regenschutz übersteht sie auch bei uns den Winter gut.

Große, rosa Blüten und attraktive Dornen sind die Kennzeichen der Sorte 'Hamburg'. Sie macht sich als Kübelpflanze genauso gut wie im Kakteengarten.

Pflege An sonnigen und gut dränierten Plätzen im Garten, zum Beispiel in Trockensteinmauern, Steingärten oder unter einem Dachüberstand; in Kübeln, Trögen und Balkonkästen; Staunässe muss auf alle Fälle vermieden werden; wichtig ist eine ausreichende Düngung.

Vermehrung Durch Stecklinge der einzelnen ausgereiften Triebsegmente im Juli.

Besonderheiten Glochiden, Dornen sowie Triebe werden in der Volksmedizin genutzt. Der Schleim der Triebe fand zur Stabilisierung von Textilfarben sowie zur Klärung von Wasser Verwendung.

Hybriden Die *Opuntia-hystricina*-Hybride 'Hamm' ist eine schwach wachsende Sorte. Sie wird nur 20–30 cm groß und eignet sich deshalb besonders gut für die Verwendung als Kübelpflanze oder im Balkonkasten. Sie können sie aber auch frei in den Garten oder an die Hauswand setzen, wenn sie eine klein bleibende Pflanze wünschen. Die Sorte ist bis −20 °C winterhart. Ihre Blüten leuchten in intensivem Lila. Ein Regenschutz ist nicht erforderlich. Die *Opuntia-hystricina*-Hybride 'Hannover' wächst ebenfalls langsam und eignet sich wie 'Hamm' gut als Kübelpflanze, für Trockensteinmauern, den Steingarten oder als Pflanze an der Hauswand. Sie muss jedoch vor großer Nässe geschützt werden. Auffällig sind die herrlich gefärbten, 6 cm langen und 7 cm breiten Blüten: Sie sind zur Mitte hin orange und nach außen rosa gefärbt. Attraktiv ist auch die weiße Bedornung, die in schönem Kontrast zum Dunkelgrün der Triebe steht. Die nur 15–20 cm hohe *Opuntia-hystricina*-Hybride 'Memmingen' ist ebenfalls sowohl als Kübelpflanze wie auch für den Garten eine gute Wahl. Die Blüten sind blass zitronengelb und zur Mitte grünlich gelb.

Weitere Hybriden 'Franz Schenk': gelb; 'Hagen': lila; 'Harburg': gelb; 'Halblech': dunkellila; 'Halle': gelb; 'Hamburg': rosa; 'Hanau': rosalila; 'Heide': dunkellila; 'Helgoland': hellgelb; 'Heidelberg': cremegelb; 'Heilbronn': lila.

im Sommer ins Freie stellen · als Ampelpflanze geeignet · duftend · pflegeleicht

PFLANZEN-PORTRÄTS

Opuntia macrorhiza

☀ ✲ **GRÖSSE** 15–20 cm | **BLÜTEZEIT** Sommer | **BLÜTEN-FARBE** gelb mit roter Mitte, rot mit gelber Mitte

Der Name »macrorhiza« deutet auf eine besonders große, knollige Rübenwurzel hin. Die Heimat dieser Art liegt im zentralen Westen und Südwesten der USA und in Nordost-Mexiko. **Blüte** Die 5–6 cm großen Blüten sind rot mit gelber Mitte. **Wuchs** Die Triebe sind tellerförmig oder verkehrt eiförmig und bläulich grün gefärbt. Sie bilden flache, bis zu 2 m breite Gruppen. Die Dornen sind 4–6 cm lang und weiß und braun befärbt. Je ein bis sechs bilden ein Polster. Diese sitzen vor allem an den Triebspitzen der Segmente. **Pflege** Vor zu viel Feuchtigkeit in der Ruhezeit schützen; ausreichend düngen; bis –20 °C winterhart; für Beet, Steingarten, Kübel und Balkonkasten geeignet. **Vermehrung** Durch Stecklinge, seltener durch Samen. **Sorten** *O. macrorhiza* var. *pottsii* (→ Abb.): rot; 'Viola': altrosa mit glänzend violetter Mitte.

Opuntia phaeacantha

☀ ✲ **GRÖSSE** bis 90 cm | **BLÜTEZEIT** Sommer | **BLÜTEN-FARBE** gelb

Dieser Kaktus aus dem Südwesten der USA und dem Nordosten Mexikos ist sehr wüchsig und außerordentlich winterhart. Er eignet sich zum Auspflanzen im Garten, für den Steingarten, auf Trockensteinmauern oder für große Kübel. Besonders die Varietäten *gigantea* und *albispina* können richtige Büsche im Kakteengarten bilden. **Blüte** Die 6–8 cm großen Blüten sind gelb und an der Basis manchmal rot. **Wuchs** Große, tellerförmige Sprosse, verkehrt eiförmig bis kreisrund, bis 24 x 40 cm groß, bläulich-grün und manchmal rötlich überhaucht; bräunliche, 2,5–8 cm lange Dornen. **Pflege** Braucht keinen Regenschutz; auf ausreichende Düngung achten. **Vermehrung** Durch Samen und Stecklinge der Spross-Segmente. **Sorten** Varietät *longispina*: gelbrot; 'Salmonea': orange; 'Orangeade': orange; 'Kirschrot': lachsfarben.

54   ☀ sonnig   ◐ halbschattig   ✲ hell, aber keine direkte Sonne

Outdoor-Gruppe

Delosperma nubigeum

☼ ✽ GRÖSSE wenige cm | BLÜTEZEIT Frühjahr–Sommer BLÜTENFARBE gelb

Diese Art aus der Familie der Mittagsblumengewächse ist ein sehr hübscher Bodendecker, der gerne über Steine hängend wächst. Sie stammt aus Südafrika, wo sie bis in 3000 m Höhe gedeiht. Die frischgrünen Blättchen und gelben Blüten bilden einen hübschen Kontrast zu anderen winterharten Sukkulenten. Sie eignet sich für Trockensteinmauern, Steingärten und größere Kübel und Tröge. **Blüte** Radiäre, herrlich leuchtende, 3,5 cm große, gelbe Blüten mit kurzem Stiel. **Wuchs** Kriechende und hängende dünne Sprosse, die sich wüchsig verzweigen. Auffällig gelblich grasgrüne, dickfleischige, bis 1,8 cm lange und fast so dicke Blättchen. **Pflege** Sich zu weit ausbreitende Pflanzen zurückschneiden; die Pflanzen können in sehr strengen Wintern zurückfrieren, die Wurzeln treiben aber wieder aus. **Vermehrung** Durch Kopf- und Stammstecklinge.

Orostachys spinosa

☼ ✽ GRÖSSE bis 6 cm | BLÜTEZEIT Sommer | BLÜTENFARBE cremefarben-gelblich

Ab Juni sehen diese dachwurzähnlichen Pflanzen wie eine kleine Sonne aus, da die kleinen, kompakt sitzenden Blättchen von einem Kranz länglich dicker, walzenförmiger Blätter umgeben sind. Die Art aus der Familie der Dickblattgewächse stammt aus Ostsibirien, der Mongolei, Nord- und Nordostchina sowie Nordkorea. Bei uns sind diese dekorativen Pflanzen an geschützten Stellen winterhart. **Blüte** Die cremefarben-gelblichen Blüten stehen in traubigen, bis 20 cm hohen Blütenständen. **Wuchs** Walzenförmige, matt graugrüne Blätter, die in einer feinen dornartigen Spitze enden. Sie stehen in einer dichten Rosette und verlängern sich im zweiten Jahr. **Pflege** Für sonnige bis halbsonnige Plätze im Freien oder bei Topfkultur am Fenster bei viel frischer Luft. **Vermehrung** Durch die reichlich gebildeten Kindel.

im Sommer ins Freie stellen   als Ampelpflanze geeignet   duftend   ✽ pflegeleicht

PFLANZEN-PORTRÄTS

Sedum

GRÖSSE 3–40 cm | **BLÜTEZEIT** Sommer | **BLÜTENFARBE** gelb, weiß, rosa, purpurn oder rötlich

Die Gattung *Sedum* heißt auf Deutsch Fetthenne und ist vorwiegend in gemäßigten und subtropischen Gebieten Nordamerikas, Asiens, Europas, Nordafrikas und dem Nahen Osten verbreitet. Viele Arten sind für das winterharte Beet, den bepflanzten Trog, Balkonkasten, für Trockensteinmauer oder die Dachbegrünung geeignet. Sie haben hübsche Blüten, doch vor allem das Farbenspiel und die Widerstandsfähigkeit der sukkulenten Blätter machen sie zu attraktiven und außerordentlich vitalen Begleitpflanzen. Von den bekannten 420 Arten sind nicht alle kulturwürdig, es gibt jedoch außerordentlich viele Sorten, die sich unbedingt lohnen und das winterharte Sukkulenten-Sortiment bereichern.

Blüte Sternförmige Blüten mit fünf kleinen Blütenblättern. Die Blüten stehen meist in verzweigten Blütenständen.

Wuchs Einige wenige Arten besitzen einen aufrechten höheren Stängel und abgeflachte sukkulente Blätter. Sie bilden dominierende Stauden im Kakteenbeet. Die meisten Arten haben aber nur kurze Stängel oder wachsen liegend oder hängend. Die Blättchen sind rund oder walzenförmig und bestechen durch oft intensive Färbung von hellgrün über gelblich bis rot und rotbraun oder marmoriert.

Pflege *Sedum* gehören zu den anspruchslosesten Pflanzen im Garten: Außer in Feuchtzonen gedeihen sie überall. Arten wie *S. forsterianum*, *S. selskianum* oder *S. stoloniferum* gedeihen sogar an halbschattigen Standorten. Die meisten Arten lieben – wie alle anderen Sukkulenten – sonnige und trockene Plätze. Da *Sedum* deutlich schneller wachsen als Kakteen, Agaven oder Yucca, müssen sie ab und zu zurückgeschnitten werden, damit sie andere Pflanzen nicht überwachsen und durch Lichtmangel früher oder später zum Absterben bringen.

Vermehrung Durch Samen möglich, meist werden aber Stecklinge von den vielen Sprossen verwendet oder – wie in der Dachbegrünung – Blättchen ausgebracht, die als Blattstecklinge wieder neue Pflanzen hervorbringen.

Arten und Sorten *S.-acre*-Sorten: verschieden getönte Blättchen; *S. album*: rötlich braune Blättchen, weiße Blüten; *S. cyaneum*: bläulich graue Blättchen, lila Blüten; *S. floriforum* 'Weihenstephaner Gold' (→ Abb.); *S. pachyclados*: blaugrüne Blattrosetten, weiße Blüten; *S. reflexum*: als »Tripmadam« bekannt, blaugrünes Laub, gelbe Blüten; *S. spathulifolium*: bläulich graue bis rötliche Blättchen.

 sonnig halbschattig ☀ hell, aber keine direkte Sonne

Outdoor-Gruppe

Sempervivum

GRÖSSE 2–20 cm | **BLÜTEZEIT** Sommer
BLÜTENFARBE rosa, weißlich bis gelblich

Die Gattung *Sempervivum* trägt den deutschen Namen Hauswurz und gehört zur Familie der Dickblattgewächse. Der botanische Name *Sempervivum* bedeutet übersetzt »immerlebend«. Die Heimat der Dachwurzarten beschränkt sich auf die Gebirgszonen der nördlichen Halbkugel. Einzig bekannte Art aus Afrika ist *S. atlanticum*, die im Atlasgebirge in Marokko beheimatet ist. Früher war die Hauswurz eine klassische Zauberpflanze. Sie wurde auf die Dächer gepflanzt, um das Haus oder auch die Scheunen und Viehställe vor Blitzschlag zu schützen. Ursprünglich hatte die Hauswurz vielleicht aber nur den Zweck, lose Ziegel- oder Strohdächer zusammenzuhalten und Lehmdecken vor Auswaschung zu schützen. Alle *Sempervivum*-Arten und -Züchtungen sind außerordentlich wertvolle Pflanzen für den Sukkulentengarten. Mit ihren Formen und Farben schaffen sie einen reizvollen Gegensatz zu Kakteen und können als Bodendecker zwischen diese gepflanzt werden. Sie sind gut geeignet für den Steingarten, die Trockensteinmauer sowie im frostfesten Kübel, aber auch zur Dachbegrünung.

Blüte Die 1–1,5 cm großen, weißlich-rosa bis rosaroten oder gelblichen Blüten sitzen an einem bis 20 cm hohen Blütenstiel. *Sempervivum* blüht meist im dritten Jahr. Die Pflanze steckt dann ihre ganze Kraft in die Bildung des Blütenstands und stirbt anschließend ab. Die Pflanzen bilden aber genügend Kindel und breiten sich so selber aus.

Wuchs Die grünen bis rötlichen Blätter sind einwärts gebogen, elliptisch bis verkehrt lanzettlich. Sie bilden dichte Rosetten, die mehr oder weniger mit Haaren eingesponnen sind.

Pflege Die Pflanzen brauchen einen vollsonnigen Standort und gut durchlässiges Substrat – dann sind sie ausgesprochen pflegeleicht und anspruchslos. Bei schattigen und zu feuchtem Standort verlieren sie ihre typische Form und Farbe und sind nicht mehr robust.

Vermehrung Durch Abnahme der üppig auftretenden Kindel.

Besonderheiten Als Heilmittel findet sie ähnlich wie *Aloe vera* Anwendung bei Warzen, Hühneraugen, Quetschungen oder Verbrennungen, juckender oder brennender Haut sowie bei Wespen- oder Nesselstichen.

Arten Es gibt über 200 zum Teil sehr schöne Arten und mittlerweile über 3000 Zuchtformen mit einer enormen Vielfalt an Größen, Farben und Formen.

 im Sommer ins Freie stellen   als Ampelpflanze geeignet   duftend   pflegeleicht

GLOSSAR

Art
In der Botanik werden die Pflanzen nach gemeinsamen Merkmalen sortiert. Als eine Art gelten dabei einander ähnliche Pflanzen, die untereinander fruchtbare Nachkommen erzeugen können.

Artname
Der wissenschaftliche Artname besteht stets aus zwei Namensbestandteilen. Der erste, großgeschriebene Name ist die Bezeichnung für die Gattung, der zweite, kleingeschriebene gibt die eigentliche Art an. Zur weiteren Differenzierung werden häufig noch sogenannte Varietäten (var.) oder Formen (f.) angegeben.

Bims
Magmatisches, leichtes, poröses Gestein. Es ist, ähnlich wie → Lava, ein Ergussgestein, aber noch stärker gebläht. Dadurch ist es etwas leichter und luftiger.

Blähton
Blähton wird aus kalkarmem Ton mit fein verteilten organischen Bestandteilen hergestellt. Er wird gemahlen, granuliert und bei ca. 1200 °C zu aufgeblähten, kugelförmigen Körnern gebrannt. Werden die Kügelchen gebrochen, sind die Poren offen und können Wasser und Luft aufnehmen. Blähton verhält sich ähnlich wie Lava, ist aber leichter und reagiert immer neutral.

Blüteninduktion
Unter Blüteninduktion versteht man die Bildung von Blütenknospen. Dieser Prozess ist oft von der Temperatur oder der Tageslänge abhängig. Viele Kakteen und andere Sukkulenten brauchen zum Beispiel eine kühle Ruhezeit, um Blütenknospen anlegen zu können.

Caudex
Vergrößerte Basis des Stamms oder der Wurzel oder der Übergang von beiden bei sukkulenten Pflanzen. Der Caudex dient der Wasserspeicherung.

Cephalium
Cephalium bedeutet wörtlich übersetzt »Borstenschopf«. Es ist ein spezialisierter, allein zur Blütenbildung befähigter Teilabschnitt bei Kakteen mit sehr kurzen → Internodien. Meist ist das Cephalium durch dichte Wolle, Haare oder Borsten zu erkennen.

CITES
Convention on International Trade in Endangered Species of wild Fauna and Flora, wurde 1973 in Washington ins Leben gerufen (auch Washingtoner Artenschutzabkommen genannt). Dieses Übereinkommen über den internationalen Handel mit gefährdeten Arten frei lebender Tiere und Pflanzen soll den durch Handelsinteressen bedrohten Bestand wild lebender Arten schützen und dient der Kontrolle und gegebenenfalls der Regulierung des Handels. Alle Kakteen und alle Sukkulenten der Gattungen *Euphorbia*, *Pachypodium* umd *Aloe* sind darin aufgeführt.

Cuticula (Kuticula)
Eine spezielle Schutzschicht, die die Triebe und Blätter der Pflanzen bedeckt und diese so bei Hitze und Trockenheit vor Wasserverlust schützt. Außerdem erhöht sie die mechanische Festigkeit des Pflanzenkörpers.

Cyathium
Was bei Euphorbien wie eine Blüte aussieht, ist tatsächlich ein ganzer Blütenstand. Jede Einzelblüte ist eingeschlechtig, also entweder nur weiblich oder nur männlich, und auf das absolut Notwendigste reduziert. Die weibliche Blüte, immer nur eine je Cyathium und zentral gestellt, besteht aus nur einem gestielten Fruchtknoten und dem Griffel. Die männlichen Blüten, im Kranz um die weibliche Blüte geordnet, bestehen jeweils nur aus einem einzelnen gestielten Staubfaden. Blütenblätter fehlen. Sie werden teils durch farbige Hochblätter ersetzt. Unter den Euphorbien gibt es Arten, deren Pflanzen ausschließlich männliche Cyathien oder rein weibliche Cyathien besitzen, bei anderen Arten finden sich sowohl männliche als auch weibliche Cyathien auf einer Pflanze. Wieder andere Arten bilden zweigeschlechtige Cyathien.

Generative Vermehrung
Vermehrung durch Samen, auch geschlechtliche Vermehrung genannt. Bei dieser Art der Vermehrung werden die männlichen und weiblichen Erbfaktoren neu kombiniert. Die Nachkommen können sich deshalb im Aussehen von den Elternpflanzen und untereinander unterscheiden.

Glochiden
Mit feinen Widerhaken versehene, stechende, borstenartige Dornenbildungen, die nur bei der Kakteen-Unterfamilie Opuntioideae vorkommen.

Hochblätter

Gefärbte, umgewandelte Blätter, die zum Beispiel bei Euphorbien die Funktion der nicht vorhandenen Blütenblätter übernehmen.

Hybriden

Ein Individuum, das aus einer Kreuzung zwischen zwei verschiedenen Arten oder Gattungen entstanden ist. Dies kann auch in der Natur ohne menschliches Zutun geschehen. Man spricht dann von einer Naturhybride.

Indoor-Landscaping

Innenraumgestaltung; Pflanzenlandschaften in Innenräumen.

Internodium

Abstand zwischen zwei Blattanlagen – d. h. Stellen, an denen die Blätter entspringen (Knoten, Nodien) – am Spross der Pflanze.

Kindel

Kindel nennt man Ableger, die sich von selbst an der Mutterpflanze bilden. Sie haben das gleiche Erbgut und dienen der vegetativen Vermehrung. Sind sie groß genug und haben sich eventuell schon Wurzeln gebildet, können sie abgetrennt und neu eingetopft werden.

Konvergenz

Bilden Pflanzen, die nicht miteinander verwandt sind, ähnliche äußere Merkmale, spricht man von Konvergenz oder von einer konvergenten Entwicklung. Ein Beispiel ist die Sukkulenz: Pflanzen aus verschiedenen Familien haben ähnliche Merkmale – zum Beispiel wasserspeichernde Blätter oder Triebe – entwickelt.

Kultivar

Auch Sorte. Eine in Kultur erzielte oder ausgelesene, vom Typ abweichende Form.

Lava

Magmatisches, poröses Gestein mit neutraler oder leicht basischer Reaktion.

Perlit

Zuschlagstoffe für Pflanzenerde aus vulkanischem Gestein, durch Erhitzung auf über 1000 °C expandiert. Perlite ist sehr porös und leicht, hat bis zu 50 % Wasserspeicherkapazität und sorgt für eine hervorragende Durchlüftung des Pflanzsubstrats.

pH-Wert

Säuregrad von flüssigen oder festen Substanzen, zum Beispiel des Pflanzsubstrats oder des Gießwassers. Ein pH-Wert von 7 ist neutral, Werte zwischen 0 und 7 bedeuten eine saure, Werte zwischen 7 und 14 eine alkalische (= basische) Reaktion.

Sand

Natürlich vorkommendes, unverfestigtes Sedimentgestein mit einer Korngröße von 0,63–2 mm. Nur scharfer Flusssand (Quarzsand) ist für Pflanzsubstrate geeignet, Grabsand ist ungeeignet.

Steckling

Als Steckling wird ein zur vegetativen Vermehrung geschnittener Sprossteil einer Pflanze bezeichnet. Dieser wird in die Erde gesteckt, wo er eigene Wurzeln schlägt und sich zu einer neuen, selbstständigen Pflanze entwickelt. Als Kopfsteckling bezeichnet man die Triebspitze

eines Sprosses. Als Stammsteckling ein Teilstück eines Sprosses ohne Endknospe. Ein Blattsteckling besteht lediglich aus einem Blatt oder einem Blattstück einer Pflanze.

Synonym

Anderer, aber ebenfalls gültiger Name für eine Pflanze, abgekürzt: syn. Neue Forschungserkenntnisse über verwandtschaftliche Beziehungen zwischen Pflanzen führen manchmal zu einer Umbenennung der Gattungen und Arten. Häufig bleiben die älteren Synonyme aber noch lange in Gebrauch, obwohl sie streng botanisch nicht mehr korrekt sind.

Ton

Zum einen Minerale, die überwiegend in der Korngröße von weniger als 2 µm vorkommen, zum anderen aber auch eine Bezeichnung für Schichtsilikate. Diese haben ein hohes Puffervermögen, d. h. ein hervorragendes Anlagerungs- und Quellvermögen.

Vegetative Vermehrung

Auch ungeschlechtliche Vermehrung genannt. Die Vermehrung erfolgt zum Beispiel durch Stecklinge oder Kindel. Die Nachkommen besitzen die gleichen Erbanlagen wie ihre Eltern und sehen deshalb genauso aus wie diese.

Zeolith

Ein chemisch sehr komplexes Silikat-Mineral. Zeolith kann je nach Typ bis etwa 40 Prozent des Trockengewichts an Wasser speichern und wirkt ausgleichend auf den pH-Wert.

REGISTER

Die **halbfett** gesetzten Seitenzahlen verweisen auf Abbildungen.
UK = Umschlagklappe

A

Aasblume 39, **39**
Agave 5, 13
– *potatorum* var. *verschaffeltii* 48
– 'Shoji Rajin' 48, **48**
Aloe 5, **7/4, 9**, 11, 13, 57
»Alter Mann der Anden« 46, **46**
Aporophyllum 28
Aussaat 22, 23, **23**

B

Bauernkaktus 44, **44**, 45, **45**
Bäumchen-Wolfsmilch 37, **37**
Binsenrutenkaktus 8, 34, **34**
Blattpflanzendünger 11, 15
Blossfeldia liliputana 6
Blütenbildung 14

C

Carnegiea gigantea 6
Ceropegia ampliata 35, **35**
– *dichotoma* 35
– *fusca* 35
– *radicans* 35
– *sandersonii* 35
CITES 6
Crassula 15, **15**
– *ovata* 15, 48, **48**
– *portulacea* 48
Cyathien 36, 37
Cynanchum marnierianum 35

D

Dachwurz **17**
Delosperma nubigeum **17**, 55, **55**
Disocactus flagelliformis 28, **28**
Disocactus-Hybriden 29
Dränage 6, 10, **10**, 11
Drechslera 25, **25**
Düngen 11, 15, 16, 17

E

Echeveria 13, **15**, UK vorne
– *laui* 49
– *leucotricha* 49
– *pilosa* 49

– *pulvinata* 49, **49**
– *setosa* 'Blue Miracle' 49
Echinocactus grusonii 6, **7**, 28, **28**
Echinocereus 12
– *rigidissimus* 46
– *rubispinus* 46, **46**
Echinofossulocactus multicostatus 47
Echinopsis 12
– *chamaecereus* 44, 45, **45**
– *marsoneri* 45, **45**
– *mirabilis* 45
– *silvestrii* 45
Echinopsis-Hybride 'Attila' 44
– 'Hako-ju' 44
– 'Hildegard Winter' 44
– 'Love Story' 44
– 'Melodie' 44
– 'Poesie' 44
– 'Rheingau' 44
– 'Rosenfee' 44
Einpflanzen 10, **10**, 11, **11**
Elefantenohr 38, **38**
Epiphyllum-Hybriden 29, **29**, UK vorne
– 'Deutsche Kaiserin' 29
– 'Elfenbein' 29
– 'Gloria Paetz' 29
– 'Lotto' 29
– 'Sunland' 29
Erde 18, 19
Euphorbia **9**
– *aeruginosa* 37, **37**
– *ingens* 36, **36**, UK vorne
– *obesa* 37, **37**

F

Fetthenne 56
Filz-Kalanchoe 38, **38**
Fusarium 24

G

Gasteria 11
Geldbaum 20, **21**, 48, **48**
Gießen 10, 15, 16, 17
Gymnocalycium 8, 30, 32
– *andreae* 30, **30**
– *baldianum* 30, **30**
– *saglionis* 30, **30**

H

Hauswurz 16, 57
Haworthia 9, 11
Hydrokultur 10, 19

K

Kakteenbeet 16, **17**
Kakteendünger 11, 15
Kakteenerde 16, 24
Kalanchoe 11
– *beharensis* 38, **38**
Kandelaberwolfsmilch 6, **7/3**, 8, 9, 20, **20**, 36, **36**, 37, UK vorne
Konvergenz 5, 37
Korallenkaktus 34, **34**
Krankheiten 24, 25

L

Lamellenkaktus 47, **47**
Lava 18
Lepismium 34
Leuchterblume 35, **35**
Lichtmangel 24
Lobivia 12

M

Madagaskarpalme 5, 39, **39**
Mammillaria 12, **15**, 40, **40**, 41, **41**, UK vorne
– *albicans* f. *slevinii*, **40**, 41
– *guelzowiana* 41, **41**
– *vetula* ssp. *gracilis* 41, **41**
Mauerpfeffer 16
Mehltau 25
Melocactus azureus 31
– *bahiensis*, 31
– *matanzanus* 31, **31**
– *neryi* 31
Melonenkaktus 30, **30**

N

Nährstoffe 11
Nährstoffmangel 24
Notocactus 8
– *ottonis* 32
– *ottonis* 'Janousek' 32
– *ottonis* 'Venclu' 32
– *uebelmannianus* 31, **31**

O

Opuntia 12, 21, UK vorne
– *basilaris* 51
– *humifusa* 51, **51**
– *hystricina* 16
– *macrocentra* 51
– *macrorhiza* 54, **54**
– *macrorhiza* var. *pottsii* 54, **54**
– *macrorhiza* 'Viola' 54
– *phaeacantha* 51, 54, **54**
– *phaeacantha* 'Kirschrot' 54
– *phaeacantha* 'Orangeade' 54
– *phaeacantha* 'Salmonea' 54
– *phaeacantha* var. *longispina* 54
– *polyacantha* 51
– *polyacantha* var. *hystricina* 52
– *rhodantha* 51
Opuntia-fragilis-Hybriden 50, **50**
– 'Feldberg' 50
– 'Föhr' 50
– 'Frankfurt' 50
Opuntia-hystricina-Hybriden 52, **52**,
    53, **53**
– 'Franz Schenk' 53
– 'Hagen' 53
– 'Halblech' 53
– 'Halle' 53
– 'Hamburg' 53
– 'Hamm' 53
– 'Hanau' 53
– 'Hannover' 53
– 'Harburg' 53
– 'Heide' 53
– 'Heidelberg' 53
– 'Heilbronn' 53
– 'Helgoland' 53
– 'Memmingen' 53
Oreocereus celsianus 46, **46**
– *doelzianus* 46
– *ritteri* 46
– *varicolor* 46
Orostachys 16, UK vorne
– *spinosa* 55, **55**
Osterkaktus 8

P

Pachycereus pringlei 6
Pachyphytum 13
Pachypodium 8, 11
– *densiflorum* 38, **38**

– *geayi* 39
– *lamerei* 39, **39**
Parodia 8, 32
– *chrysacanthion* 32, **32**
– *comarapana* 32
– *hausteiniana* 32
– *mairanana* 33, **33**
– *schwebsiana* 32
– *werneri* 30
Pflanzenschutzmittel 24, 25
Pflanzgefäße 8, 10
Pflegefehler 24
Phytium 24, **25**
Phytophtora 24, 25
Pikieren 23
Pilosocereus azureus 33
– *catingicola* 33
– *chrysacanthus* 33
– *chrysostele* 33
– *magnificus* 33
– *pachycladus* 33, **33**
Pilzkrankheiten 24, 25
Pseudorhipsalis 34

Q/R

Quarzsand 18, 23
Rebutia 12, **15**, 42, **42**
– *heliosa* var. *condorensis* 42
– *marsoneri* 42
– *minuscula* 42
Regenbogenkaktus 46
Regenschutz **16**, 17
Rhipsalis baccifera 34, **34**
Rhipsalis mesembryanthemoides
    34, **34**
Rote Spinne **24**, 25
Ruhezeit 14

S

Samtblatt 38
Säulenkaktus 20
Schachtelhalmextrakt 22
Schädlinge 14, 25
Schildläuse 25, **25**
Schlangenkaktus 28, **28**
Schnitt 20, **20**, 21, **21**
Schwiegermutterstuhl 8, **9**, 28, **28**
Sedum 16, 56, **56**
– *acre* 56
– *album* 56
– *cyaneum* 56

– *dasyphyllum* 56
– *pachyclados* 56
– *reflexum* 56
– *spathulifolium* 56
Sempervivum 16, 57, **57**
– *atlanticum* 57
Senecio 11
– *crassissimus* 49, **49**
– *medley-woodii* 49
Setiechinopsis mirabilis 45
Sommerstandort 13, 14
Sonnenbrand 14
Spinnmilben 24, 25
Stachelschwein-Opuntie 52
Standort 8, 9, 13
Stapelia gettliffei 39
– *gigantea* 39
– *kwebensis* 39
Staunässe 10, 24
Stecklinge 22, **22**
Stenocactus crispatus 47
– *multicostatus* 47, **47**
– *sulphureus* 47
Substrat 16, 18
Sulcorebutia rauschii 43, **43**

T/U

Tephrocactus 13
Thelocactus bicolor 47, **47**
– *hexaedrophorus* 47
– *leucacanthus* 47
Thripse 25, **25**
Ton 18
Trennvlies **10**, 11
Umtopfen 14, 18, 19, **19**
Vermehrung 22, **22**, 23, **23**

W/Z

Warzenkaktus 40, **40**, 41, **41**
Wasserabzug 16
Wasserstandsanzeiger **10**, 11, 19
Weihnachtskaktus 8
Weingartia neocumingii 43, **43**
Winterruhe 12, 13, 14
Winterstandort 13
Wolfsmilchgewächse 5, 36
Wollläuse **24**, 25
Wundversorgung 20
Wurzelfäulnis 10
Wurzelläuse 25

SERVICE

Bezugsquellen

> Kakteen Haage
Blumenstraße 68
99092 Erfurt
www.kakteen-haage.de
(auch Versand von Samen und Zubehör)
> Kakteen Piltz
Monschauer Landstraße 162
52355 Düren
www.kakteen-piltz.de
(auch Versand von Samen)
> Kakteengärtnerei
Albert Plapp
Drosselweg 7–9
84178 Jesendorf/Niederbayern
www.kakteen-plapp.de
> Kakteengärtnerei
Andreas Wessner
Postfach 1110
76457 Muggensturm
www.kakteen-wessner.de

Wichtige **Hinweise**

> Einige der hier beschriebenen Pflanzen sind giftig oder hautreizend; Sie dürfen nicht verzehrt werden.

> Bewahren Sie Düngemittel für Kinder und Haustiere unerreichbar auf. Halten Sie Kinder beim Gebrauch fern.

> Wenn Sie sich bei der Gartenarbeit verletzen, sollten Sie umgehend einen Arzt aufsuchen. Eventuell ist eine Impfung gegen Tetanus erforderlich.

> Uhlig Kakteen
Hegnacher Str. 31
Rommelshausen
71394 Kernen
www.uhlig-kakteen .de
(auch Versand von Samen und Zubehör)

Zubehör

> Georg Schwarz
An der Bergleite 5
90455 Nürnberg
www.kakteen-schwarz.de

Kakteengesellschaften und Behörden

> Deutsche Kakteen-Gesellschaft e. V.
Oos-Straße 18
75179 Pforzheim
www.deutschekakteengesellschaft.de
> Gesellschaft Österreichischer Kakteenfreunde
Buchenweg 9
A-4810 Gmunden
www.cactus.at
> Schweizerische Kakteen-Gesellschaft
René Deubelbeiss
Eichstraße 29
Ch-5432 Neuenhof
www.kakteen.org
> WA-Vollzugsbehörde/CITES
Bundesamt für Naturschutz
Konstantinstraße 110
53179 Bonn
www.bfn.de

Internet

> www.cactus-mall.com/cacmalde.html

Literatur

> Anderson, Edward F.: The Cactus Family. Timber Press, Portland, Oregon
> Eggli, Urs / Albers, Focke /Meve, Ulli (Hrsg.): Sukkulentenlexikon, Band 1–4. Ulmer Verlag, Stuttgart
> Götz, Erich / Gröner, Gernhard: Kakteen. Ulmer Verlag, Stuttgart
> Greiner, Karin /Weber, Angelika: Der große GU Pflanzenratgeber Zimmerpflanzen. Gräfe und Unzer Verlag, München
> Uhlig, Matthias: Kakteen & andere Sukkulenten. GU Pflanzenpraxis. Gräfe und Unzer Verlag, München
> Uhlig, Matthias: Kakteen & andere Sukkulenten von A bis Z. Der Große GU Kompass. Gräfe und Unzer Verlag, München

Bildnachweis

Becherer: 25/4, 30/1, 30/2, 30/3, 31/1, 31/2, 32/1, 41/1, 42/1, 43/2, 45/1, 46/1, 47/1, 47/2; **Beck:** 3li., 3re., 7/3, 7/5, 8, 9, 10/1, 10/2, 11/1, 11/2, 11/3, 12, 13, 16, 17/2, 19/1, 19/2, 19/3, 19/4, 20, 21/1, 21/2, 21/3, 22, 23/1, 23/2, 23/3, 23/4, 28/1, 28/2, 29/2, 29/3, 32/2, 33/1, 33/2, 38/1, 39/1, 41/2, 42/2, 46/2, 48/1, 48/2, 49/1, 49/2, 57, 51, 52, 56, U2/1, U2/2, U2/3, U2/4, U2/6, U4li., U4re.; **Busek:** 37/2; **FloraPress:** 7/2; **GAP:** U4mi.; **GPL:** 4, 7/1, 7/4, U5; **Haugg:** 34/2; **Mauritius Images:** 26, U6re.; **Panthermedia:** U1; **The Garden Collection:** 1; **Uhlig:** 2li., 15/1, 15/2, 15/3, 15/4, 17/1, 24/1, 24/2, 25/1, 25/2, 25/3, 29/1, 34/1, 35/1, 35/2, 36, 37/1, 38/2, 39/2, 40, 42/3, 43/1, 44, 45/2, 50/1, 50/2, 53/1, 53/2, 54/1, 54/2, 55/1, 55/2; U2/5

Gartenlust pur

Die neuen Pflanzenratgeber – da steckt mehr drin

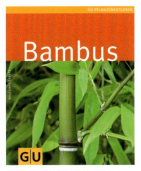

ISBN 978-3-8338-0530-1
64 Seiten

ISBN 978-3-8338-0531-8
64 Seiten

ISBN 978-3-8338-0875-3
64 Seiten

Preis je Band: 7,90 €

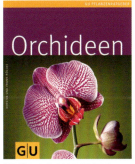

ISBN 978-3-8338-0527-1
64 Seiten

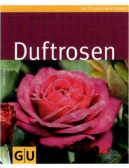

ISBN 978-3-8338-0529-5
64 Seiten

ISBN 978-3-8338-0533-2
64 Seiten

Änderungen und Irrtum vorbehalten.

Das macht sie so besonders:

Praxiswissen kompakt – vermittelt von GU-Gartenexperten

Praktische Klappen – alle Infos auf einen Blick

Die 10 GU-Erfolgstipps – so gedeihen Ihre Pflanzen gut

Willkommen im Leben.

IMPRESSUM

Unsere Garantie

Alle Informationen in diesem Ratgeber sind sorgfältig und gewissenhaft geprüft. Sollte dennoch einmal ein Fehler enthalten sein, schicken Sie uns das Buch mit dem entsprechenden Hinweis an unseren Leserservice zurück. Wir tauschen Ihnen den GU-Ratgeber gegen einen anderen zum gleichen oder ähnlichen Thema um.

Liebe Leserin und lieber Leser,

wir freuen uns, dass Sie sich für ein GU-Buch entschieden haben. Mit Ihrem Kauf setzen Sie auf die Qualität, Kompetenz und Aktualität unserer Ratgeber. Dafür sagen wir Danke! Wir wollen als führender Ratgeberverlag noch besser werden. Daher ist uns Ihre Meinung wichtig. Bitte senden Sie uns Ihre Anregungen, Ihre Kritik oder Ihr Lob zu unseren Büchern. Haben Sie Fragen oder benötigen Sie weiteren Rat zum Thema? Wir freuen uns auf Ihre Nachricht!

Wir sind für Sie da!
Montag–Donnerstag: 8.00–18.00 Uhr;
Freitag: 8.00–16.00 Uhr *(0,14 €/Min. aus dem dt. Festnetz/
Tel.: 0180-5 00 50 54* Mobilfunkpreise
Fax: 0180-5 01 20 54* können abweichen.)
E-Mail:
leserservice@graefe-und-unzer.de

P.S.: Wollen Sie noch mehr Aktuelles von GU wissen, dann abonnieren Sie doch unseren kostenlosen GU-Online-Newsletter und/oder unsere kostenlosen Kundenmagazine.

GRÄFE UND UNZER VERLAG
Leserservice
Postfach 86 03 13
81630 München

© 2008
GRÄFE UND UNZER VERLAG GmbH, München
Alle Rechte vorbehalten. Nachdruck, auch auszugsweise, sowie Verbreitung durch Film, Funk, Fernsehen und Internet, durch fotomechanische Wiedergabe, Tonträger und Datenverarbeitungssysteme jeglicher Art nur mit schriftlicher Genehmigung des Verlages.

Redaktion: Michael Eppinger
Lektorat: Barbara Kiesewetter
Bildredaktion: Daniela Laußer
Umschlaggestaltung und Layout: independent Medien-Design, München
Herstellung: Gloria Pall
Reproduktion: Longo AG, Bozen
Druck: Firmengruppe APPL, aprinta druck, Wemding
Bindung: Firmengruppe APPL, sellier druck, Freising

Printed in Germany

ISBN 978-3-8338-1125-8

1. Auflage 2008

Ein Unternehmen der
GANSKE VERLAGSGRUPPE

Der Autor

Matthias Uhlig ist Gärtnermeister mit Spezialisierung auf Kakteen. Vor 17 Jahren übernahm er die elterliche Kakteen-Gärtnerei. Als erste deutsche Gärtnerei wurde sie 1997 nach dem Washingtoner Artenschutzabkommen anerkannt. In Vorträgen gibt Matthias Uhlig sein Wissen an andere Kakteenfreunde weiter. Darüber hinaus veröffentlicht er Artikel in Fach- und Gartenzeitschriften und ist Autor zweier weiterer GU-Kakteen-Bücher.